AF558753

Der größte Schatz der Welt ist der Wortschatz!

Meinen beiden Söhnen Vitus und Veverin gewidmet

KARSTEN BRENSING

WIE TIERE *sprechen* UND WIE WIR SIE BESSER *verstehen*

Loewe

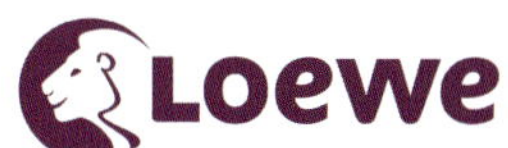

INHALT

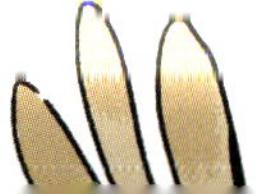

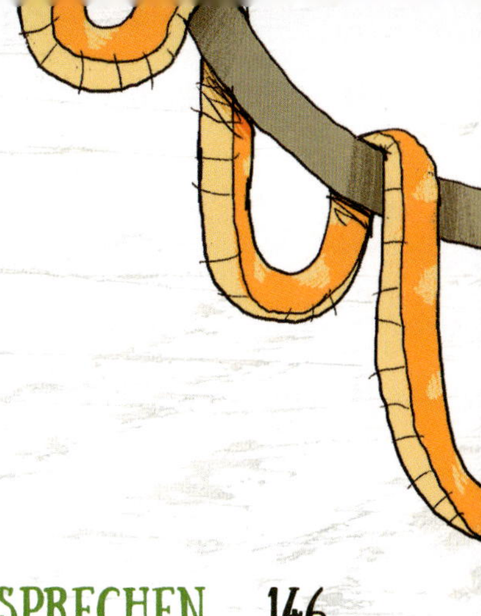

WAS WAR ZUERST DA, DIE SPRACHE ODER DAS DENKEN? 94

DÜRFEN WIR TIERE VERMENSCHLICHEN? 116

MIT TIEREN SPRECHEN 146

LIEBER LESER,

kannst du dir vorstellen, dass Meisen Grammatikregeln kennen, dass viele Tiere ein echtes Vokabular haben und manche Wale sich über mehr als tausend Kilometer weit unterhalten können? Willst du wissen, warum Lügen eine geniale Erfindung ist und die geistige Entwicklung erst ermöglicht hat? Glaubst du mir, dass einige Affenarten sogar Redewendungen verwenden und Tiere höflich sein können? Einige Arten haben auch ein Verständnis für einfache Dreiwortsätze und es gibt einen Graupapagei, der sich mit einer Forscherin unterhalten hat.

Dieses Sachbuch entführt in die überraschende Welt der aktuellen Verhaltensbiologie und erklärt ganz nebenbei, wie sich der menschliche Geist im Verlauf der Evolution entwickelt hat und wo unsere Sprache herkommt.

Doch Achtung, dieses Buch vermittelt keine Erziehungstricks für Tiere. Dafür gibt es unzählige, auf die einzelne Tierart abgestimmte Ratgeberbücher. Mit diesem Buch möchte ich lediglich ein besseres Verständnis zwischen Menschen und Tieren ermöglichen.

Ich wünsche dir viel Spaß beim Lesen!

Dein

Karsten Brensing

KÖNNEN WIR TIERE VERSTEHEN?

Sprache ist nicht alles.

GIBT ES EINEN UNIVERSELLEN VERSTÄNDIGUNGSCODE?

Ein Übersetzungsprogramm zwischen Mensch und Tier

Die überraschende und doch so einfache Antwort lautet Ja, wir können Tiere verstehen und Tiere können uns verstehen.

Bis vor Kurzem glaubte man, dass jede Tierart ihre eigene Kommunikationsform entwickelt hat und dass somit eine Verständigung zwischen unterschiedlichen Arten kaum möglich ist. Ein bekanntes Beispiel dafür sind das Aufrichten und das Wedeln mit dem Schwanz. Bei Hunden bedeutet es Freude, aber bei Katzen Aufregung und vielleicht sogar Aggression. Kein Wunder, dass sich diese beiden Tierarten nicht verstehen. Doch ein Experiment zeigte, dass dies nicht die ganze Wahrheit ist und wir Tiere viel besser verstehen können, als wir bislang dachten.

Das Experiment wurde mit Studenten auf der ganzen Welt durchgeführt. Die Teilnehmer der Studie überraschten damit, dass sie an den Rufen ganz unterschiedlicher Tierarten erkennen konnten, ob die Tiere aufgeregt oder entspannt waren. Mit großer Wahrscheinlichkeit ist diese Fähigkeit entstanden, als die ersten **Wirbeltiere** aus dem Wasser an Land gegangen sind und begonnen haben, sich mit Rufen zu verständigen. Es war einfach sehr praktisch zu wissen, ob der Löwe gerade satt und entspannt vor sich hin grummelt oder eben nicht. Wer weiß, welche Gemeinsamkeiten die Forscher noch so finden! Ich gehe übrigens jede Wette ein, dass Freude oder Traurigkeit genauso gut verstanden werden.

Du kannst selbst überprüfen, ob die Studenten richtig entschieden haben. Folge diesem Link: **www.karsten-brensing.de/wie-tiere-sprechen** und lade dir die Beispiele herunter. Dann bittest du jemanden, sie dir vorzuspielen. Zu jedem Tier gibt es einen erregten und einen entspannten Ruf. Du musst entscheiden, welcher Ruf wie klingt!

Vor diesem gemütlich schlummernden Löwen muss man sich kaum fürchten.

Dagegen macht diese wütende Löwin mit ihrem Brüllen klar, dass mit ihr gerade nicht zu spaßen ist.

DIE ENTSTEHUNG DER SPRACHE

Sprache ist keine Erfindung von uns Menschen.

WAS IST KOMMUNIKATION?

Wenn man Ja sagt, muss man auch Ja meinen

Du hast sicher schon einmal einen Menschen in einer anderen Sprache reden hören. Wenn man die Sprache nicht kennt, versteht man kein Wort. Doch so einfach es uns erscheint, unsere Muttersprache zu sprechen, so schwer ist es, eine neue Sprache zu erlernen. Trotzdem: Auch wenn Sprache heute eine ziemlich komplizierte Angelegenheit ist, hat alles einmal sehr einfach angefangen.

Biologen sprechen meist nicht von Sprache, sondern von Kommunikation. Im einfachsten Fall können sogar Bakterien miteinander kommunizieren. Dieses einfache Kommunikationsmodell sieht so aus:

Zunächst braucht man jemanden, der etwas mitteilen will (einen Sender), dann ein bestimmtes Signal (mit **Code**) und ein Medium, das das Signal überträgt.

Bei einem Tier, das etwas ruft, ist das Übertragungsmedium Luft, bei einem Bakterium ist es Wasser, in dem ein chemischer Botenstoff gelöst ist. Dann braucht man noch jemanden, der etwas wissen will (einen Empfänger) und in der Lage ist, das Signal zu empfangen und den Code zu verstehen. Fertig ist die Kommunikation.

Als dies erst einmal erfunden war, ging es richtig los. Kommunikation funktionierte über größere Entfernungen, und zwar nicht nur zwischen zwei, sondern auch zwischen vielen Tieren. Die ersten Wörter wurden erfunden und später sogar eine Grammatik.

INFOKASTEN

Quorum sensing nennt man eine Art der Kommunikation zwischen Bakterien. Ist eine bestimmte Anzahl an Bakterien erreicht, sorgt ein Botenstoff dafür, dass alle Bakterien zeitgleich mit ihrer Arbeit beginnen. Entdeckt hat man dieses Phänomen bei dem Zwergtintenfisch *Euprymna scolopes*. Er besitzt Leuchtorgane, in denen Bakterien der Art *Vibrio fischeri* zu leuchten beginnen (**Biolumineszenz**), wenn sie von dem Tintenfisch mit Zucker gefüttert werden. Ab einer bestimmten Anzahl an Bakterien, dem sogenannten **Quorum**, beginnen die kleinen Mitbewohner zeitgleich zu leuchten. Koordiniert wird das Verhalten durch den Botenstoff N-Acyl-Homoserin-Lacton, der von allen Bakterien wahrgenommen wird (sensing). Keine Sorge, du musst dir die komplizierten Begriffe nicht merken! Aber cool klingen sie trotzdem, oder?

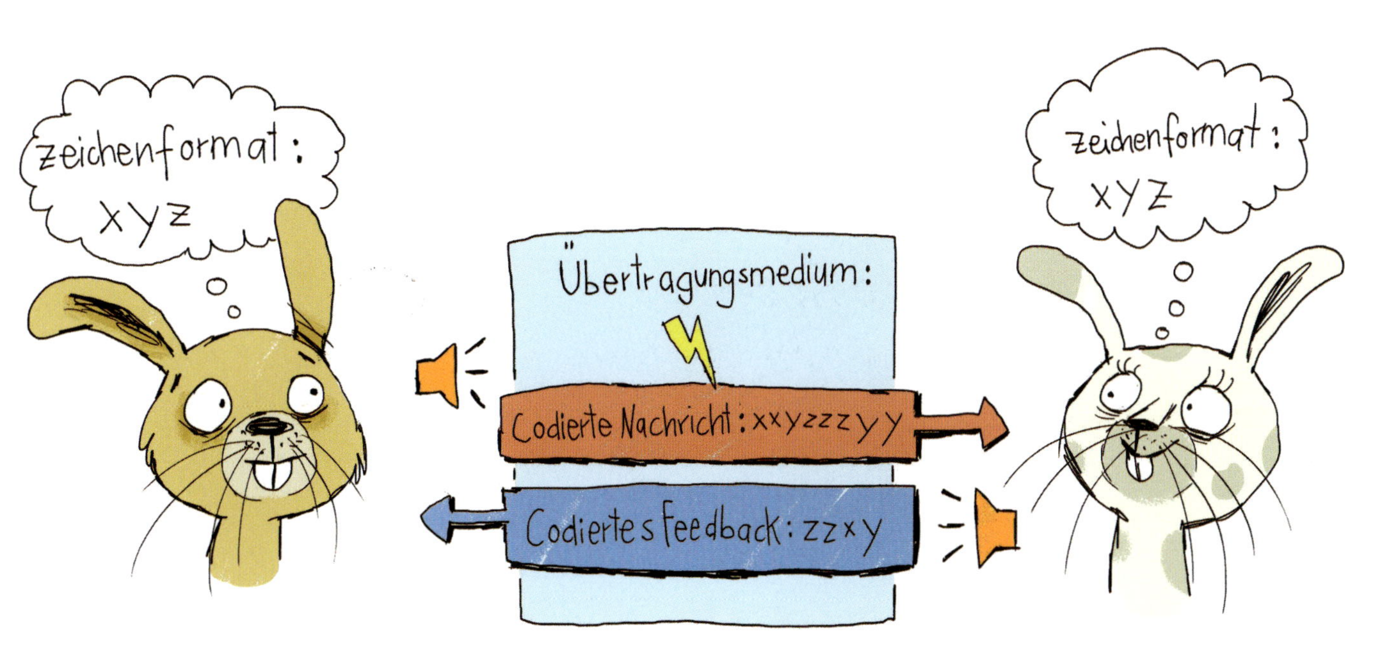

DIE GEHEIMSPRACHE DER BIENEN

Wie man mit der Schwerkraft die Richtung weist

Eine andere Form der Kommunikation ist die „Geheimsprache" der Bienen. Diese ist so abstrakt, dass man tatsächlich fast von einer Sprache reden kann. Du hast am Anfang bereits gelesen, dass Hunde und Katzen ihren Schwanz zur Kommunikation benutzen, doch das, was die Bienen mit ihrem Schwanz machen, ist kaum zu glauben. Darum spricht man auch vom Schwänzeltanz. Bei diesem Tanz wird den anderen Bienen die Richtung und die Entfernung zur Nahrung mitgeteilt. Dazu vollbringen die kleinen Gehirne der Bienen eine Meisterleistung.

Kein wuselndes Chaos, sondern koordiniertes Handeln dank Kommunikation

Wenn eine Biene Nahrung entdeckt hat, merkt sie sich die Richtung im Verhältnis zur Sonne. Aber sie kann nicht einfach im Bau in diese Richtung tanzen. Erstens ist es dunkel und zweitens stehen die Bienenwaben hochkant. Nun kommt ein genialer Trick: Die Biene nutzt die **Gravitation** (oben bedeutet in Richtung Sonne und nach unten heißt von der Sonne abgewandt). Liegt die Nahrung direkt in Richtung der Sonne, tanzt sie nach oben. Liegt die Nahrung etwas rechts von der Sonne, tanzt sie nicht gerade nach oben, sondern etwas nach rechts zur Seite, und schon wissen alle, in welche Richtung sie fliegen müssen. Die Entfernung entspricht dem Wackeln mit dem Schwanz: Wird viel gewackelt, ist die Nahrung weit weg. Die Bewegung der tanzenden Biene nehmen die anderen ganz einfach durch Berührung und durch Geräusche wahr.

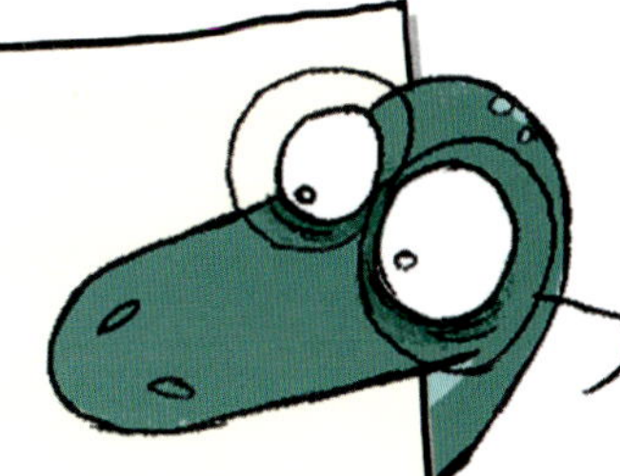

INFOKASTEN

Kommunikation auf allen Kanälen

Seit Kurzem weiß man, dass die Entfernung zur Nahrung nicht nur durch das Schwänzeln erzählt wird. Bienen erzeugen beim Fliegen eine elektrische Spannung. Je nach Entfernung können das über 400 Volt sein. Die anderen Bienen nehmen die Spannung wahr und errechnen daraus die Distanz zur Nahrung. Interessant ist auch, dass ferngesteuerte Roboterbienen erst ernst genommen werden, wenn sie charakteristisch summen. Zu guter Letzt werden die Nahrungsquellen im Freiland mit chemischen Botenstoffen markiert, damit die nachfolgenden Bienen sofort die richtige Nahrung finden. Bienen informieren sich gegenseitig also auf vier Ebenen:

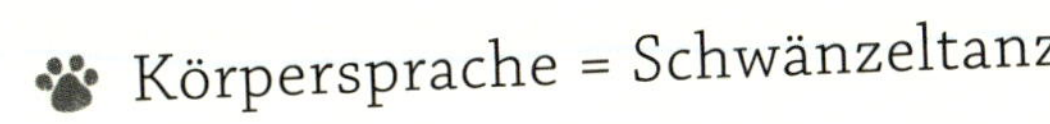

- Körpersprache = Schwänzeltanz
- Akustisch = Summen
- Elektrisch = elektrische Spannung
- Chemisch = Botenstoffe

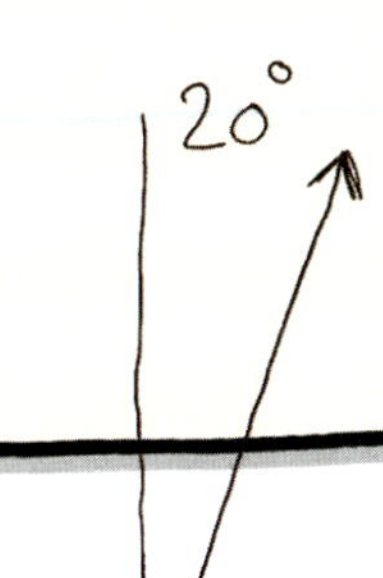

Ist die Flugrichtung zur Nahrungsquelle 20° rechts von der Sonne, wird die Biene im Bienenstock in Richtung 20° rechts von oben tanzen.

GESTEN

Warum wir auch im Dschungel verstanden werden

Warst du schon mal im Ausland und hast dich mit Händen und Füßen verständigt? Vermutlich hast du dann festgestellt, dass das erstaunlich gut funktioniert. Hättest du aber gedacht, dass du dich auf diese Art und Weise auch mit einem Gorilla unterhalten kannst? Tatsächlich teilen wir mit allen anderen **Menschenaffenarten**, also Gorillas, Schimpansen, Bonobos und Orang-Utans, mindestens 24 Gesten. Diese Gesten sind **genetisch** angelegt und zeigen sehr gut, wie nah wir mit den anderen Menschenaffenarten verwandt sind. Wie wir nutzen aber auch unsere Verwandten noch viel mehr Gesten. Gorillas beispielsweise haben ca. 126 und Schimpansen 115 Gesten. Die Orang-Utans haben viel weniger Gesten, aber das liegt daran, dass sie gerne alleine leben und daher nicht auf die Kommunikation mit anderen angewiesen sind.

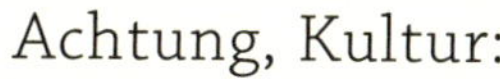

INFOKASTEN

Achtung, Kultur:

Geste ist nicht gleich Geste: Kennst du den Schweigefuchs? Die Geste bedeutet: Mund zu und Ohren auf. Hast du schon mal für jemanden die Daumen gedrückt und ihm damit Glück gewünscht? Oder hast du schon mal zu jemandem mit den Fingern Ätschebätsche gemacht? Versuch gar nicht erst, im Ausland mit diesen Gesten weiterzukommen, denn du wirst dort nicht verstanden. Es handelt sich um Gesten, die nur in Deutschland üblich sind. In England kreuzt man zum Beispiel lieber die Finger, als dass man die Daumen drückt.

Vorsicht, es gibt sogar Gesten, die gleich sind, aber das Gegenteil bedeuten. Wenn du nickst, ist klar, dass du damit zu etwas Ja sagst oder etwas bestätigst. In Bulgarien, Griechenland und Indien bedeutet es genau das Gegenteil, dort musst du den Kopf schütteln, um Ja zu sagen.

Solche Gesten sind nicht genetisch bedingt, sondern wir haben sie erlernt, sie sind Teil unserer Kultur. Bei Schimpansen und anderen Tieren gibt es so etwas übrigens auch.

NONVERBALE KOMMUNIKATION

Bewusst oder unbewusst: Der Körper redet mit!

Ob du es willst oder nicht: Auch der Körper hat etwas zu sagen. Mit ein bisschen Übung kannst du sogar die Körpersprache von anderen bewusst lesen. Wenn nicht, dann ist das auch nicht so schlimm, denn unbewusst nimmst du die Signale deines Gegenübers wahr und weißt sie zu deuten.

Also das überzeugt mich nicht, ich bleibe skeptisch.

Nicht nur das gesprochene Wort, sondern auch die Stimme und die Körperhaltung werden von dir unbewusst registriert. Bestimmt hast du schon einmal das Gefühl gehabt, dass jemand nicht die Wahrheit sagt. Vielleicht hat dabei seine Stimme ein bisschen gezittert oder war verkrampft. Vielleicht ist der Sprecher auch deinen Blicken immer wieder ausgewichen. Beides sind nonverbale Ausdrucksformen, die wir sehr gut deuten können. Und daher ist es gar nicht so einfach, überzeugend zu lügen.

Wie du dir sicher denken kannst, ist diese Form der Kommunikation uralt und lange vor der Erfindung der Sprache im Verlauf der Evolution entstanden. So ist es nur natürlich, dass unzählige Tierarten nonverbale Kommunikation (siehe Infokasten) nutzen. Die Gesten aus dem vorherigen Kapitel sind natürlich auch nonverbale

Kommunikation, auch wenn sie ganz bewusst angewendet werden. Meist sind diese bewussten Zeichen auch viel deutlicher. Die Wissenschaftler nennen das „distinkt" und meinen damit, dass das Zeichen sich deutlich von anderen unterscheidet.

Nä, nä, nä, ich höre dir sowieso nicht zu!

INFOKASTEN 1

Übrigens, ***nonverbale Kommunikation*** ist nicht nur Körpersprache. ***Nonverbal*** heißt jede Kommunikation ohne Wörter, also auch elektrische, chemische und taktile (durch Berührungen) Kommunikation. Doch da gibt es ein Problem. Erdmännchen haben zum Beispiel einen Ruf für „Raubvogel". Da dieser Ruf aber kein Wort ist, würde er eigentlich unter die nonverbale Kommunikation fallen. Aber das ist natürlich nicht ganz richtig. Um diesem Problem aus dem Weg zu gehen, sprechen Biologen meist von ***akustischer Kommunikation*** und meinen damit nicht nur Wörter, sondern auch die Rufe der Tiere. Im Kapitel *Vokabeln und Wortschatz* wirst du erfahren, dass nicht nur Menschen Wörter benutzen. Vielleicht fragst du dich jetzt, was Wörter überhaupt sind? Lass dich überraschen!

Gesten erraten:

Mache doch einfach mal ein paar Gesten und lasse deine Freunde aufschreiben, was ihnen dazu einfällt. Du wirst sehen, meist ist die Einschätzung ganz ähnlich:

- Arme verschränken
- Hände offen nach oben halten
- sich hinter dem Ohr kratzen
- Mund zuhalten
- Augen aufreißen
- Schultern hochziehen
- Beine anziehen

INFOKASTEN 2

Charles Darwin spekulierte schon 1872 in seinem Buch *Der Ausdruck der Gemütsbewegungen bei dem Menschen und den Tieren* über einen Zusammenhang zwischen innerem Zustand und äußerem Erscheinen sowie einen gemeinsamen Ursprung. Hier muss man aber sehr gut aufpassen, dass man nicht alles von einer Art auf eine andere überträgt (oder Tiere vermenschlicht). Jede Art hat bei aller Ähnlichkeit und gemeinsamer Entwicklung viele verschiedene Eigenschaften entwickelt.

Zwei, die sich nicht verstehen. Das Heben des Schwanzes bedeutet bei Hunden und Katzen etwas ganz anderes. Der Hund freut sich, aber die Katze ist angespannt.

Sieht er nicht traurig aus?

AKUSTISCHE KOMMUNIKATION

Wer etwas zu sagen hat, sollte es auch tun!

Wenn wir uns unterhalten, nutzen wir die akustische Kommunikation. Wir produzieren mit unserem Mund und Rachenraum Schwingungen, die von der Luft übertragen werden. Hast du schon mal ein **Kugelstoßpendel** gesehen? Genauso funktioniert das auch mit den Molekülen in der Luft, sie geben die Schwingung weiter und irgendwann knallen die angeregten **Moleküle** gegen unser Trommelfell und bringen unser Innenohr zum Klingen. Dort hören wir dann, was jemand anders ein paar Meter von uns entfernt gesagt hat. Gäbe es keine Luft, könnten wir nichts hören, darum ist es auch Quatsch, wenn man in einem Science-Fiction-Film ein Raumschiff vorbeifliegen hört. Im Weltall gibt es keine Luft, sondern ein Vakuum, und darum herrscht Schweigen. Es gibt aber Übertragungsmedien, die noch besser funktionieren als Luft. Blauwale können zum Beispiel über 2000 Kilometer weit rufen, denn Wasser überträgt den Schall viel besser als Luft. Leider können sie heute nur noch 200 Kilometer weit rufen, denn der Lärm unserer Schiffe ist so laut, dass er die Rufe der Wale **maskiert**. Das ist in etwa so, als würdest du dich auf einem Bahnsteig unterhalten und ein Güterzug würde vorbeirasen – dann verstehst du auch kein einziges Wort mehr.

Genial: Der akustische Sinn ist übrigens ein echter 360°-Sinn. Schließ einfach mal die Augen und hör auf deine Umgebung. Wenn du dich auf alles konzentrierst, entsteht ein richtiges „Bild“ um dich herum. Möglich macht das der Richtungssinn, denn der Schall kommt nicht an beiden Ohren gleichzeitig an. Kommt etwas von links, hörst du es am linken Ohr etwas früher. Das Gehirn misst die Zeit, bis das Geräusch auch am rechten Ohr angekommen ist, und meldet dann die berechnete Richtung.

Der Knurrhahn ist einer der lautesten Fische. Er knurrt laut, wenn man ihn aus dem Wasser nimmt, daher auch der Name.

SCHALLQUELLE

INFOKASTEN

„Stumm wie ein Fisch“ – das ist eine Redewendung und jeder weiß, was damit gemeint ist. Aber tatsächlich sind Fische nicht stumm. Wir hören sie nur nicht. Heute wissen wir, dass auch viele Fische akustisch kommunizieren. Meist benutzen sie dazu ihre **Schwimmblase**. Im Gehirn ist dabei übrigens der gleiche Bereich aktiv wie bei uns und anderen Säugetieren, Vögeln oder Reptilien. Daher wissen wir, dass die akustische Kommunikation auch schon sehr alt ist.

→ Laufzeitdifferenz

GESANG

Was erzählt wohl ein Gesang?

Ich habe mich als Kind immer gefragt, ob sich Vögel, wenn sie singen, etwas erzählen? Heute weiß ich, dass dies mit großer Wahrscheinlichkeit nicht der Fall ist. Obwohl viele Tiere tatsächlich über ein kleines Vokabular verfügen (wie wir im nächsten Kapitel sehen werden), hat das Singen einen anderen Grund. Aber welchen?

Eine einfache Antwort wäre, weil es Spaß macht. Doch um zu verstehen, wie Spaß entstanden ist, musst du mein Buch *Wie Tiere denken und fühlen* lesen. Vielleicht sollte man aber besser fragen: Warum haben viele Tiere Freude am Gesang? Vermutlich gibt es zwei unterschiedliche Gründe. Zum einen möchten die Sänger, bei denen es sich fast ausschließlich um Männer handelt, ihre weiblichen Artgenossen beeindrucken. Bei uns Menschen ist das ganz ähnlich. Egal ob bei einem mittelalterlichen Minnesänger oder bei einem heutigen Popstar. Manchmal geht es aber auch darum, andere Männchen zu beeindrucken. Nachtigallen verteidigen zum Beispiel ihr **Territorium** mit Gesang. Ist das Territorium der Nachtigall noch nicht geklärt, kann es passieren, dass sie von einem Rivalen unterbrochen wird. Sind aber alle Grenzen gesteckt, dann singt eine Nachtigall höflich nach der anderen.

Zwei, die Spaß am Singen haben

Auch Buckelwalmännchen singen, wenn es um die Liebe geht. Bei ihnen hat man sogar festgestellt, dass sie sich gegenseitig jedes Jahr neue Strophen beibringen. Man spricht von einer Kultur. Es scheint so, als sei derjenige, der die neuen Strophen am schnellsten und besten singt, besonders attraktiv. Attraktivität ist auch dir wichtig, oder? Denke mal an den Turnschuhkauf, du möchtest bestimmt gerne den modernsten und coolsten Turnschuh haben. Wir nennen das Mode.

INFOKASTEN

Die Stimmung von Musik

Jetzt spekuliere ich ein bisschen: Vielleicht kannst du dich noch an das 1. Kapitel erinnern. Es ging um einen allgemeinen oder universellen Verständigungscode. Wir haben festgestellt, dass man an der Stimme oder an den Rufen von Tieren erkennen kann, ob sie erregt oder entspannt sind. Wissenschaftler haben untersucht, in welchem Gehirnbereich diese Entscheidung getroffen wird, und festgestellt, dass wir Menschen den gleichen Bereich benutzen, wenn wir versuchen, die Stimmung einer bestimmten Musik zu erkennen.

Vielleicht ist also unser gemeinschaftliches Erkennen von musikalischen Stimmungen dadurch entstanden, dass wir versucht haben, bei anderen Tierarten Stimmungen zu erkennen. Wer weiß – vielleicht erfreut sich eine Nachtigall an Mozarts kleiner Nachtmusik und ein Frosch an Händels Wassermusik. Ganz schön verrückt, oder?

Kannst du ein Instrument spielen oder kennst du jemanden, der eines gut spielen kann? Dann prüfe doch mal, ob die folgenden Stimmungen von deinen Freunden oder Mitschülern verstanden werden.

Allgemein:

- Moll klingt traurig.
- Dur klingt fröhlich.

Und etwas spezieller:

- c-Moll
- d-Moll
- es-Moll
- g-Moll
- h-Moll
- C-Dur
- D-Dur
- Es-Dur
- F-Dur
- A-Dur

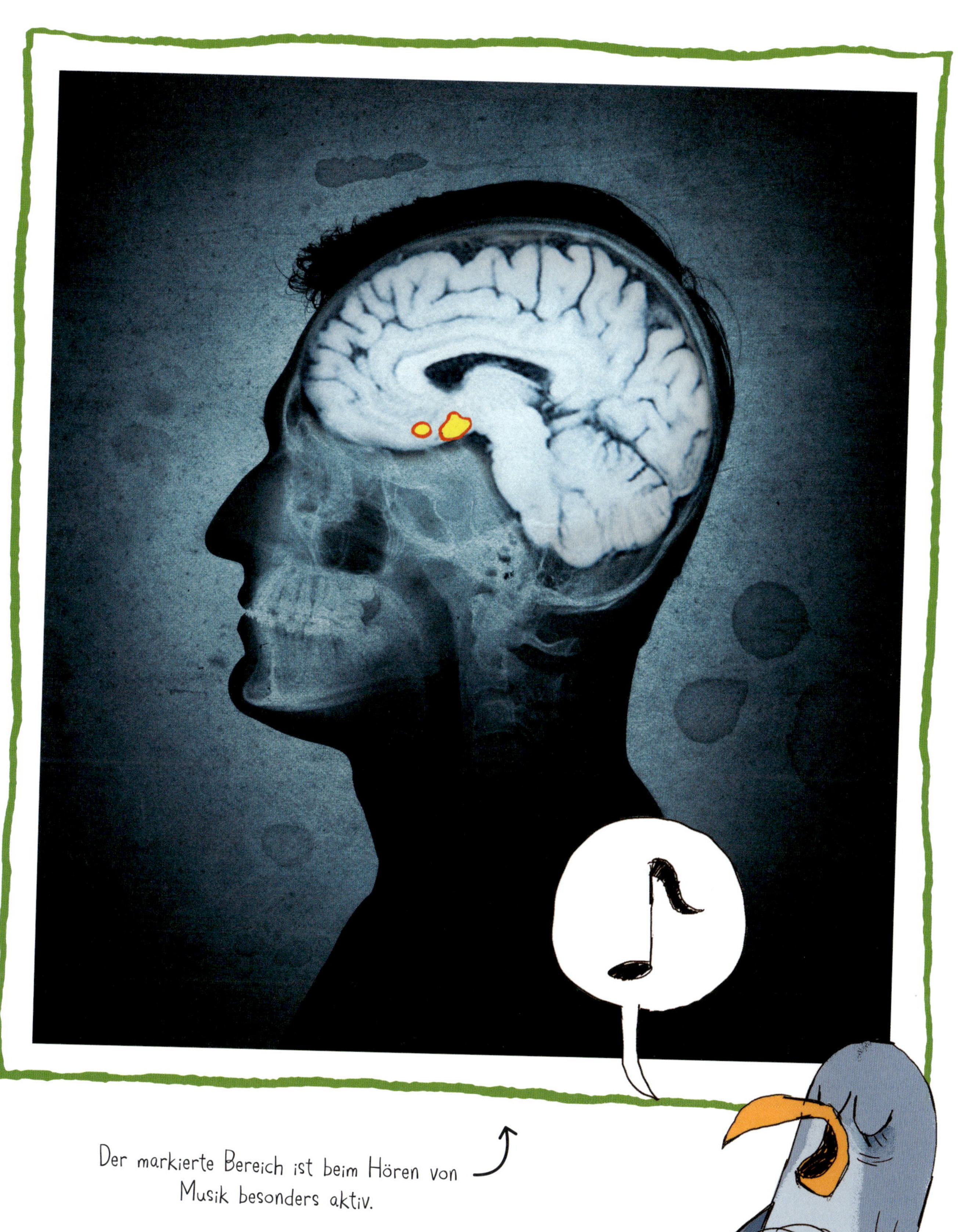

Der markierte Bereich ist beim Hören von Musik besonders aktiv.

VOKABELN

Für uns sind es **Vokabeln**, für Tiere Rufe und für Techniker Signale: Sie alle tragen eine Botschaft.

Genau genommen haben Tiere keine Vokabeln, denn als **Vokabeln** bezeichnet man Wörter in einer Fremdsprache. Doch wenn wir darüber reden, dass Tiere unterschiedliche Laute und Rufe für etwas Bestimmtes verwenden, dann ist es irgendwie so, als wollten wir diese Rufe übersetzen. Es gibt eine ganze Reihe von Tierarten, bei denen man bisher festgestellt hat, dass sie ein kleines Vokabular von zehn oder auch mehr Rufen besitzen. Ich meine jetzt nicht einen Hund, der in einer Talkshow auftritt und mehrere Hundert Spielzeuge mit Namen kennt. Das ist zweifellos eine beeindruckende Leistung und man kann nur staunen, aber mir geht es darum, deutlich zu machen, dass viele Tiere in ihrem ganz normalen Leben unterschiedliche Rufe für bestimmte Dinge verwenden. Hunde übrigens auch. Am Bellen meines Hundes Darwin kann ich sehr genau hören, wer mich gerade besucht. Ist es ein Fremder, der Postbote oder ein Freund? Man hat sogar festgestellt, dass Hunde im Tierheim weniger aufgeregt sind, wenn ihnen freudiges Lachgebell vom Lautsprecher vorgespielt wird.

So wie ich von meinem Hund erfahre, wer gerade kommt, so erfahren viele Tiere im Wald vom Eichelhäher, wer gerade kommt. Wir wissen beispielsweise, dass der sibirische Unglückshäher (ein Verwandter unseres Eichelhähers) mindestens 14 unterschiedliche Rufe kennt und zwischen Raubvögeln wie Eulen und Falken unterscheidet. Wer weiß, vielleicht haben unsere Eichelhäher einen Ruf für Menschen und alle Tiere im Wald wissen Bescheid, wenn einer von uns kommt.

Vermutlich kommuniziert er über den Wechsel seiner Farben.

INFOKASTEN

Besonders gut untersucht sind die Rufe der Erdmännchen. Sie haben unter anderem Rufe für Feinde aus der Luft oder Feinde am Boden und können sogar sagen, wie weit diese entfernt sind. Ihre Wachleute (ja, sie betreiben tatsächlich Arbeitsteilung) sagen zum Beispiel: „Achtung, ein Raubvogel, aber er ist noch weit entfernt" oder: „Hallo Leute, der Raubvogel kommt näher" oder: „Nun aber husch, alle weg, der Raubvogel ist gleich da!"

Interessant: Der Trauerdrongo, eine afrikanische Vogelart, imitiert die Alarmrufe der Erdmännchen. Nachdem alle in den Höhlen verschwunden sind, schnappen sich die klugen Vögel die Beute der Erdmännchen.

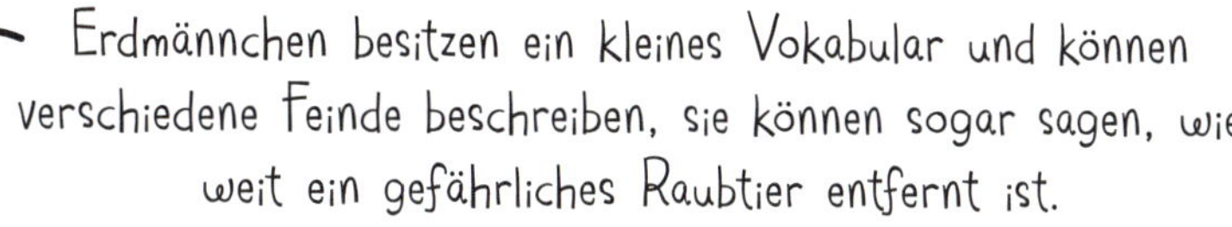

Erdmännchen besitzen ein kleines Vokabular und können verschiedene Feinde beschreiben, sie können sogar sagen, wie weit ein gefährliches Raubtier entfernt ist.

VOKALES LERNEN

Die Grundvoraussetzung für eine Sprache

Egal ob Tiere zwei, drei, zehn oder mehr unterschiedliche Rufe beherrschen, die allermeisten können keine neuen Rufe hinzulernen. Ein Esel kann nur iah und ein Hund nur wau, wau. Selbst dem gelehrigsten Hund kann man nicht beibringen, miau zu machen. Diese Tiere sind auf die Rufe angewiesen, die ihnen genetisch mitgegeben wurden. Eine Sprache zu entwickeln ist unter diesen Umständen unmöglich.

Die Singvögel sind da besser dran, denn sie lernen von älteren Tieren. Haben sie vielleicht sogar eine Sprache? Vermutlich nicht, denn die meisten Vögel lernen neue Elemente nur in ihrer Kindheit und Jugend und können als Erwachsene nicht eine einzige „Vokabel" hinzulernen. Meist singen auch nur die Männchen und eine sprachliche Kommunikation zwischen Männchen und Weibchen wäre daher recht einseitig.

Dennoch gibt es eine ganze Reihe von Vögeln, die ihr Leben lang neue Rufe oder auch Geräusche hinzulernen können. Am bekanntesten sind die Papageien, aber auch Stare, Eichelhäher und die Laubenvögel aus Neuseeland gehören dazu. Diese Vögel könnten theoretisch eine Sprache sprechen. Aber nicht nur Vögel, auch einige Säugetiere wie Delfine, Belugas oder Seehunde gehören zu den Tieren, die **Vokabeln** hinzulernen können.

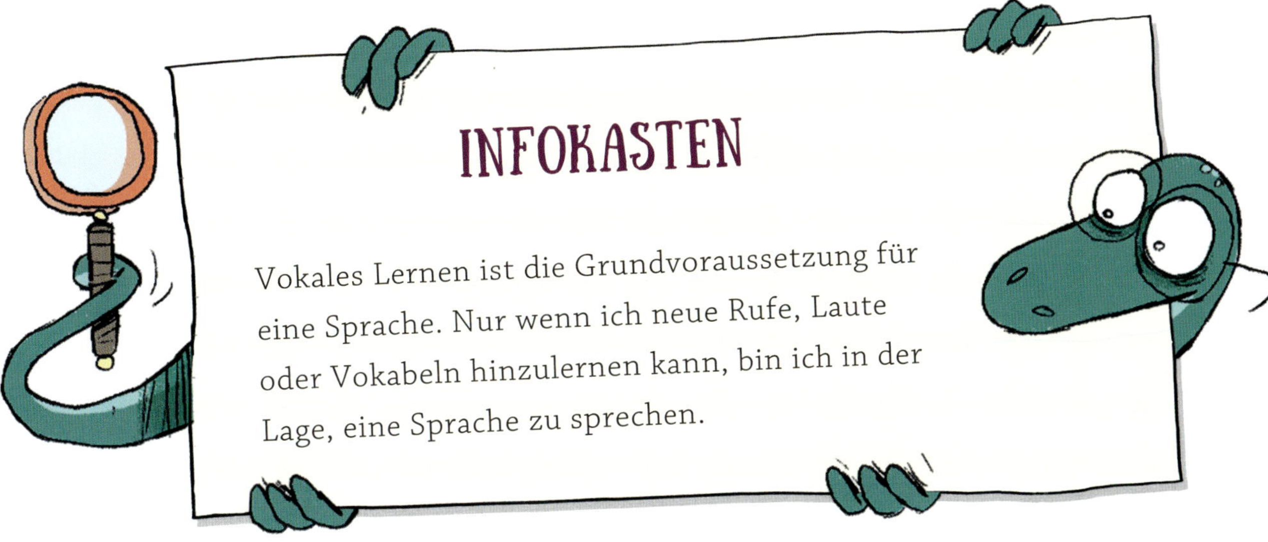

Interessant ist auch, dass man nicht nur Papageien menschliche Worte beibringen kann. Der Belugawal Noc beispielsweise befahl einem Marinetaucher, er solle auftauchen, und ein Seehund, genannt Hoover, reagierte auf Zoobesucher mit den Worten: „He, du! Mach dich da raus!" Auch von Orcas und Elefanten kennt man solche Geschichten. Traurige Gemeinsamkeit all der Tiere ist, dass sie viel zu früh von ihren Eltern getrennt wurden und mit Menschen zusammen aufwuchsen.

Rhythmusgefühl ist ein lustiger Nebeneffekt. Wenn man eine neue Vokabel lernt, dann spricht man sie aus, und wenn sie nicht gut klingt, wiederholt man sie so lange, bis alles perfekt ist. Unser Gehör prüft sozusagen das Resultat unserer Aussprache und steuert die Muskeln in unserem Rachenraum. Ganz ähnlich ist es beim Tanzen oder beim Schlagen eines Rhythmus'. Tiere, die vokales Lernen beherrschen, haben auch Rhythmusgefühl, alle anderen nicht.

Ein Star könnte wie ein Huhn gackern, er könnte aber auch ein Auto imitieren.

DIALEKT

Der Geheimcode einer eingeschworenen Gemeinschaft

Wenn sich jemand aus Süddeutschland auf Bayerisch mit jemandem aus Norddeutschland unterhält, der Plattdeutsch spricht, könnte es Schwierigkeiten geben. Die Sprecher hören sich ganz unterschiedlich an. Man spricht von einem Dialekt. Kannst du dir vorstellen, dass auch Tiere Dialekt sprechen? Tatsächlich war der Dialekt sogar vor der Sprache da. Man vermutet, dass der Dialekt eine Vorstufe des vokalen Lernens ist. Beim Dialekt wird ein Ruf oder ein Laut in einer ganz bestimmten Art und Weise verändert. Diese Veränderung ist aber nicht genetisch, man lernt sie von anderen. In voneinander getrennten Gruppen einer Tierart können somit unterschiedliche Eigenarten in der Aussprache entstehen. Die Tiere können zwar keine völlig neuen Rufe hinzulernen, aber sie sind auf dem besten Weg. Vor ungefähr 20 Jahren war es eine Sensation, als man entdeckte, dass Orcas unterschiedliche Dialekte haben. Heute wissen wir, dass sogar Mäuse Dialekt sprechen, und vermutlich werden wir noch viel mehr Tierarten entdecken, die diese erstaunliche Fähigkeit haben. Mäuseforscher aus Plön an der Ostsee haben einen Artikel über Dialekt bei Mäusen geschrieben, den sie „Gespräche am Gartenzaun" genannt haben. Denn die Tiere sprechen nicht nur Dialekt, sondern haben auch ein kleines Vokabular und können sich somit richtig unterhalten.

Die ersten Tiere, bei denen man einen Dialekt entdeckte, waren Orcas.

INFOKASTEN

Wofür braucht man überhaupt Dialekt?

Viele Tiere leben in sozialen Gemeinschaften, in denen man sich auch gegenseitig unterstützt. Der Dialekt hilft, Tiere der eigenen Gemeinschaft zu erkennen. Das ist besonders praktisch für Zugvögel, die sich in den Winter- und Sommerlagern wiedertreffen wollen. Aber auch Fledermäuse, die manchmal sogar in riesigen Metropolen mit mehreren Millionen Einwohnern leben, profitieren davon, ihre eigene kleine Gemeinschaft am Dialekt zu erkennen.

RUFE IM KONTEXT

Warum kompliziert, wenn es auch einfach geht?

Was machen eigentlich die vielen Tiere, die ihre Rufe nicht verändern können? Müssen sie wirklich mit ihren angeborenen Brumm-, Knurr- oder Quietschlauten zurechtkommen? Bis vor Kurzem glaubte man das, doch genauere Untersuchungen beim Schwarzstirn-Springaffen haben gezeigt, dass das nicht unbedingt der Fall sein muss.

Die kleinen Äffchen haben zwei unterschiedliche **Alarmrufe**, die sogenannten A-Rufe für Greifvögel und die B-Rufe für Räuber am Boden. Komisch war nur, dass die kleinen Äffchen ihre B-Rufe praktisch ständig machten. Für einen Alarmruf ist das nicht gerade hilfreich, wie du dir denken kannst. Forscher freuen sich aber immer über solche Ungereimtheiten, denn oftmals ist man einer Entdeckung auf der Spur.

Auch wenn die B-Rufe für das menschliche Ohr völlig gleich klangen, so zeigte doch eine genaue Computeranalyse, dass die Rufe je nach Situation ein bisschen anders waren. Ein genialer Trick der Natur für Tiere, die ihr Vokabular nicht erweitern können. Mehr dazu auf S. 148! Wer weiß, welche Tiere wir noch entdecken, die nur scheinbar immer das Gleiche rufen? Eine Sprache kann so zwar nicht entstehen, aber die Möglichkeiten der Tiere, miteinander zu kommunizieren, sind vielleicht vielfältiger, als wir bisher angenommen haben.

Wer weiß, welche Tiere diesen Trick auch anwenden. Die nächsten Forschungsjahre werden spannend!

INFOKASTEN

Künstliche Intelligenz (KI): Für Forscher ist es gar nicht so einfach zu wissen, wann ein Ruf beginnt und wann er endet. Wenn du zum Beispiel „Hallo" sagst, dann ziehst du zwei Laute, nämlich „hal" und „lo", zusammen. Du weißt natürlich, dass es ein Wort mit zwei Silben ist. Für jemanden, der unsere Sprache nicht kennt, könnten es aber auch zwei Wörter sein, die schnell hintereinander ausgesprochen werden. Ein ähnliches Problem haben auch Computer, wenn sie unsere Stimme verstehen sollen. Einem Computer bringt man dann bei, welche Wörter es gibt und wie sie klingen.

Die Sprache der Tiere kennen wir aber nicht und so müssen wir uns einen Trick einfallen lassen. Man spricht davon, eine künstliche Intelligenz zu trainieren. Dabei handelt es sich um ein Computerprogramm, das unter ganz vielen Rufen von ganz vielen Tieren nach Gemeinsamkeiten sucht. Hat man diese Gemeinsamkeiten gefunden, dann weiß man, dass man eine Kommunikationseinheit entdeckt hat. Diese Form der Analyse ist aber ganz neu und so kann ich dir noch keine tollen Ergebnisse präsentieren.

Vielleicht wird bald eine künstliche Intelligenz Tiere besser verstehen als wir.

Alarmrufe

Du kennst sicher das Spiel „Reise nach Jerusalem“, bei dem die Teilnehmer im Kreis um eine Reihe von Stühlen herumgehen. Ist plötzlich die Musik zu Ende, muss sich jeder schnell hinsetzen. Blöd ist nur, dass es in jeder Runde einen Stuhl weniger gibt und einer immer der Letzte ist und keinen Stuhl bekommt. Wenn du Lust hast, dann spiel das Spiel doch einmal anders. Lies einen Text vor und mache plötzlich einen Alarmruf. Alle müssen versuchen, einen Stuhl zu ergattern. Es ist völlig egal, ob du dir ein neues schönes Wort ausdenkst oder einfach „Regenschirm“ sagst.

Wer hier nicht aufpasst, ist raus.
Wer einen Alarmruf überhört, ist Essen.

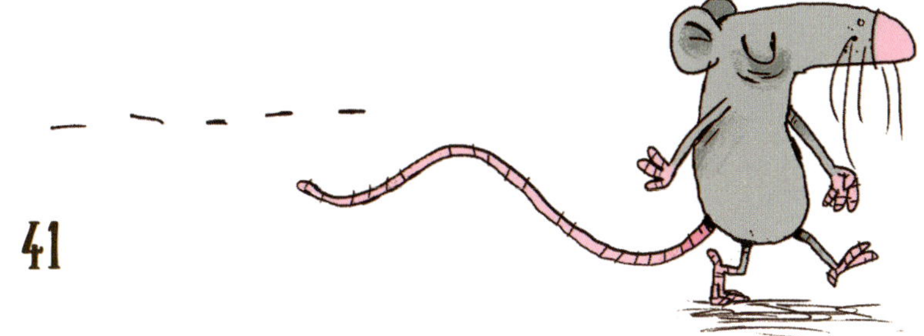

EINE GESTE, DIE DIE WELT VERÄNDERT

Pointing, die Geste des Zeigens

Du weißt ja bereits, dass wir einige Gesten mit den anderen Menschenaffenarten teilen. Ich möchte dir jetzt aber von einer Geste berichten, die etwas ganz Besonderes ist. Bis vor Kurzem glaubte man sogar, dass nur wir Menschen diese Geste anwenden und verstehen können. Es geht um die Geste des Zeigens, auch *Pointing* genannt.

An dieser Stelle muss ich dich aber bitten, zuerst das Gedankenexperiment auf Seite 44 zu machen. Hast du das Gedankenexperiment gemacht? In dieser Welt voller einfach gebauter Roboter* würde es die Geste des Zeigens nicht geben, denn jeder lebt für sich alleine. Ein Roboter agiert nur mechanisch und kann sich nicht vorstellen, dass es jemand anderes gibt. Er kann sich überhaupt nichts vorstellen, denn er folgt ja nur einer Programmierung. Er kann nur erkennen, dass du z. B. den Arm hebst, aber nicht, dass du etwa auf einen Vogel hoch oben im Baum weist. Natürlich könnte man den Roboter darauf programmieren, der Geste zu folgen, aber er hätte dann trotzdem keine Vorstellung von dir und deinen Gedanken, die auf den Vogel gerichtet sind.

Hast du jetzt verstanden, warum diese Geste so hochgeschätzt wird? Erst wenn du weißt, dass du nicht alleine auf der Welt bist, sondern dass es andere mit anderen Gedanken gibt, kann diese Geste entstehen.

Tatsächlich haben Wissenschaftler bis vor Kurzem geglaubt, dass Tiere so ähnlich funktionieren wie die Roboter in unserem Gedankenexperiment. Sie dachten, dass Tiere sich nicht vorstellen können, dass es andere gibt. Die Wissenschaftsdisziplin des Behaviorismus, die noch heute Grundlage für viele Biologiebücher ist, hat sich sogar verboten, über das Innenleben von Tieren nachzudenken (dazu mehr auf Seite 130).

INFOKASTEN

Philosophen sprechen beim Pointing von einer gemeinsam geteilten Welt, in der die Beteiligten wissen, dass der andere weiß, was man gerade meint – zum Beispiel den Vogel auf dem Baum. Heute wissen wir, dass viele Tiere wie die Menschaffenarten, aber auch andere Affenarten sowie Hunde, Delfine und Pferde Pointing anwenden und verstehen können.

*Einfach gebaute Roboter gibt es eigentlich nicht, denn Roboter sind immer ziemlich kompliziert. Es wird aber zwischen einer schwachen und einer starken künstlichen Intelligenz (KI) unterschieden. In unserem Experiment meine ich nur Roboter mit schwacher KI, sie **reagieren** mechanisch. Eine starke KI ist etwas ganz anderes, sie ist so ähnlich wie wir, aber bisher gibt es noch keine, zumindest soweit wir wissen.

Gedankenexperiment

Stell dir bitte kurz vor, du wärst ganz allein auf der Welt. Das ist gar nicht so leicht, aber du kannst einen Trick anwenden. Stell dir vor, dass alle Lebewesen um dich herum Roboter sind. Die Bäume sind Roboter, die Tiere sind Roboter und auch alle Menschen sind Roboter. Alle tun nur so, als würden sie leben. Genau genommen sind diese Roboterlebewesen um dich herum nur etwas, das auf dich reagiert und auf das du reagierst, aber ihr interagiert nicht miteinander. Wenn sich zum Beispiel so ein Robotermensch vor dich stellt, dann gehst du einfach um ihn herum und umgekehrt. Damit ist das Experiment auch schon beendet und es gibt eigentlich nur ein Problem: Du bist ein soziales Wesen, das auf andere Menschen angewiesen ist. Vermutlich fühlst du dich unter all den Robotern recht einsam, obwohl die Welt um dich herum reich bevölkert aussieht.

Beim Schach haben wir Menschen gegen eine
künstliche Intelligenz keine Chance.

DIE STIMME DES LÜGNERS

Die Lüge ist eine großartige Erfindung!

Im letzten Kapitel haben wir erfahren, welche Bedeutung es hat zu erkennen, dass es andere gibt. Aber wie ist diese Fähigkeit eigentlich entstanden? Es klingt absurd, aber möglicherweise durch Betrug.

Bei den Erdhörnchen gibt es Arbeitsteilung. Einige suchen Futter und andere haben die Aufgabe, die Futtersucher zu beschützen. Obwohl Erdhörnchen Nagetiere sind, sind sie gefährliche kleine Räuber. Die Betonung liegt auf *kleine*, denn dank ihrer geringen Größe sind sie selbst begehrte Beutetiere. Sie müssen also ständig auf der Hut sein, um nicht selbst gefressen zu werden. Die Beschützer haben nun die Aufgabe, vor Raubtieren zu warnen. Dazu haben sie, genauso wie die Erdmännchen, die wir auf Seite 23 und 33 kennengelernt haben, verschiedene Rufe. Als Belohnung für ihre wichtige Aufgabe bekommen sie Futter und werden von den anderen gekuschelt. Wenn nun aber einer der Beschützer auf die Idee kommt, zu flunkern und nicht richtig aufzupassen, sondern nur ab und an zum Schein vor Räubern zu warnen, dann ist er im Vorteil. Er muss nichts machen und bekommt trotzdem Essen und Zuwendung. Nach der **Evolutionstheorie** haben Tiere mit einem Vorteil langfristig mehr Nachkommen. Auch diese würden dann öfter flunkern und so würde schließlich gar keiner mehr aufpassen. Am Ende wären alle leichte Beute und vermutlich bald ausgestorben.

Im Verlauf der Evolution muss also ein Mechanismus entstanden sein, der Betrug verhindert. Der entstandene Trick ist tatsächlich ein Meilenstein in der Entwicklung des Geistes. Die Erdhörnchen wissen, dass sie nicht alleine sind (siehe vorheriges Kapitel).

Sie wissen also, dass es andere gibt und dass diese sehr unterschiedlich sein können, zum Beispiel ehrlich oder betrügerisch. Darüber hinaus können sich die schlauen Tiere an der Stimme erkennen. Hören sie ein Tier, das schon oft geflunkert hat, wird es einfach ignoriert und bekommt auch keine Belohnung. In einer sozialen Gemeinschaft, in der man sich kennt, zahlt sich Lügen also nicht aus. Genial, was?

Ich kann ziemlich gut tricksen.

Wir kennen uns untereinander.

INFOKASTEN

Jemanden an der Stimme zu erkennen, ist gar nicht so einfach. Wir Menschen können das, aber auch Elefanten, Krähen, Delfine und Hunde. Vielleicht gibt es auch noch viel mehr Tierarten, die das können, aber wir haben noch nicht alle erforscht.

EXPERIMENT

Verändere doch mal deine Stimme und überprüfe, ob du noch erkannt wirst. Wenn du eine Gruppe versammelt hast, dann versuche Folgendes: Jemand muss sich in die Mitte des Raumes stellen und die Augen schließen. Alle anderen verteilen sich im Raum und sagen etwas mit verstellter Stimme. Derjenige in der Mitte muss nun raten, wer etwas mit verstellter Stimme gesagt hat.

HAAALLO

HUHU

HALLOOO

Ich habe ein super Gedächtnis und merke mir, wenn mich jemand angeflunkert hat.

DAS SPRACHGEN FOXP2

Ein Gen für Sprache?

Vor ungefähr 20 Jahren entdeckte man bei einer Londoner Familie einen ganz bestimmten Sprachfehler. Die Forscher untersuchten daraufhin das **Genom** der Familienmitglieder. Man glaubte, endlich das Gen für unsere Sprache entdeckt zu haben. Zur Überraschung der Forscher wurde das Gen **FOXP2** aber auch bei vielen anderen Wirbeltieren nachgewiesen und diese konnten nicht sprechen. Man untersuchte also das Gen genauer und fand kleine Unterschiede. Daraufhin nahmen die Forscher ein menschliches FOXP2 und bauten es in das Genom einer Maus ein. Ich würde dir jetzt gerne davon berichten, dass sich die Maus daraufhin prima mit den Forschern unterhalten konnte, aber das war natürlich nicht der Fall. Allerdings konnte die Maus bestimmte Bewegungsabläufe besser lernen.

Vielleicht fragst du dich jetzt, was das mit dem Sprechen zu tun hat. Jedes einzelne Wort, das gesagt wird, ist eigentlich ein Wunder. Um es auszusprechen, sind unzählige Muskeln im Mund und Rachenraum aktiv. Jeder einzelne dieser Muskeln muss zum richtigen Zeitpunkt präzise in der richtigen Stärke angeregt werden. Um aus den vielen unterschiedlichen Lauten schöne Worte zu formen, müssen die Muskeln im Millisekundentakt **reagieren**. Ein wahres Meisterwerk an **motorischer Koordination**. Wenn wir also lernen zu sprechen, lernen wir unsere vielen kleinen Muskeln genau zu steuern. Doch diese Lernleistung gelingt nur, wenn ein funktionstüchtiges FOXP2 unsere Nervenzellen so ausgestattet hat, dass wir präzise lernen können. Die Natur ist ein Wunder, oder?

PIEEP

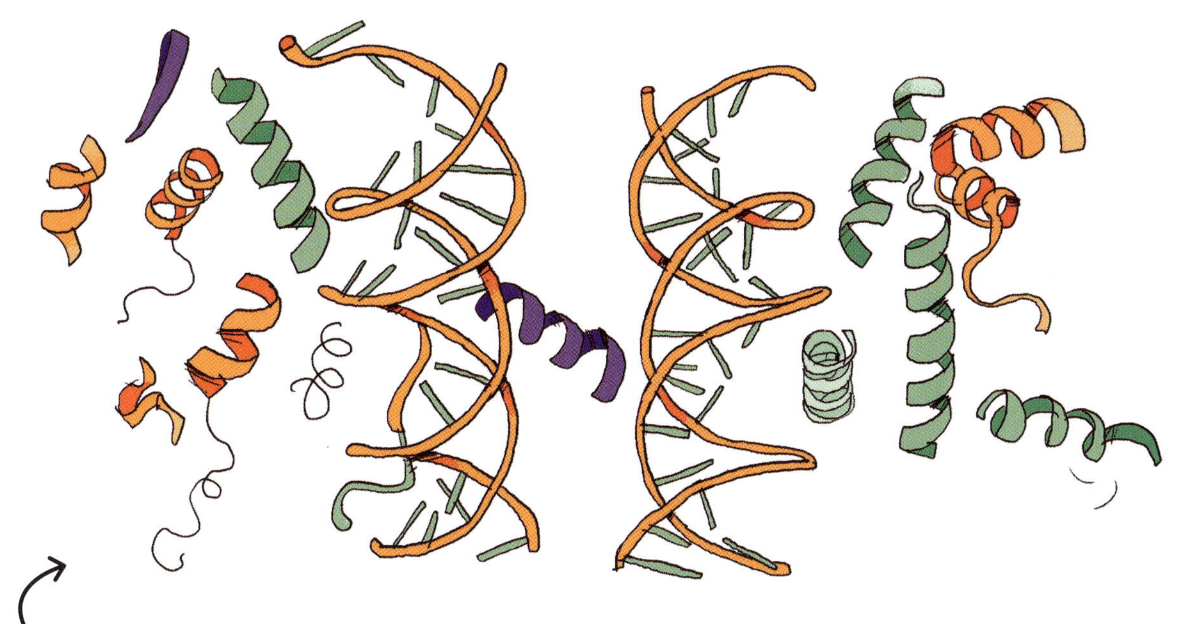

FOXP2 ist ein wirklich kompliziertes **Protein**, ohne das wir nicht sprechen können, aber wir teilen es mit vielen Wirbeltieren.

INFOKASTEN

Schwimmen lernen ist ein gutes Beispiel dafür, wie Lernen funktioniert. Als Student habe ich nebenbei als Schwimmlehrer gearbeitet und weiß daher, dass die meisten Kinder in einer kleinen Gruppe acht bis zehn Übungsstunden brauchen, um schwimmen zu lernen. Nun stell dir vor, dass einige Kinder plötzlich nur zwei Übungsstunden bräuchten. Genauso überrascht waren die Forscher, als die Mäuse mit dem menschlichen FOXP2 plötzlich schneller lernen konnten. Daraufhin entdeckte man, dass FOXP2 nur indirekt für den Spracherwerb verantwortlich ist. Tatsächlich hilft das Gen bei der Anpassung und dem Wachstum der Nervenzellen, als Resultat kannst du schneller lernen. Der Unterschied ist vergleichbar mit einem Fahrrad mit und ohne Gangschaltung.

SPRACHFORSCHUNG MIT GEFANGENEN TIEREN

Ein Traumjob für jeden Tierliebhaber?

MIT WILDEN TIEREN LEBEN

Tolle Forschung mit einer Schattenseite

Nun wird es noch spannender, denn wir begegnen Forschern, die ganz eng mit ihren Tieren zusammengelebt haben. Man könnte sogar ein bisschen neidisch werden, wenn man hört, dass jemand einen Papagei oder einen Schimpansen bei sich zu Hause gehabt hat. Es gab sogar einen Forscher, der mit Delfinen eine Wohngemeinschaft gegründet hat. Doch all diese Versuche hatten einen großen Nachteil. Die Lebensbedingungen für die Tiere waren so schlecht, dass sie oft nur halb so alt geworden sind wie ihre im Freiland lebenden Artgenossen.

Dennoch hat uns diese Forschung viel über die Fähigkeiten von Tieren verraten. In den nächsten Kapiteln werden wir also eine kleine Zeitreise machen, bei der wir uns die Ergebnisse aus drei Jahrzehnten (von 1970–2000) ansehen. Anfang 2000 hatte man alles herausgefunden, was es herauszufinden gab, und man hatte ein großes Problem. Es gelang einfach nicht, die Ergebnisse durch Beobachtungen bei Tieren im Freiland zu bestätigen. Damit waren die ganzen Erkenntnisse in ihrem Wert begrenzt. Man wusste eben nur, dass die Tiere im Umgang mit uns Menschen zu bestimmten Handlungen fähig sind, aber konnte nicht beweisen, dass sie diese Fähigkeiten auch untereinander in der freien Wildbahn nutzen. Erst vor wenigen Jahren änderte sich dies durch neue technische Möglichkeiten und bessere Computeranalysen, aber dazu mehr im Kapitel über die Sprachforschung an frei lebenden Tieren.

Jetzt beginnen wir erst einmal unsere kleine Zeitreise.

INFOKASTEN

Delfine: Louis Herman führte die erfolgreichsten Forschungsprojekte über die Kommunikation von Delfinen durch. Sein Forschungszentrum auf Hawaii ist allerdings schon seit Jahren geschlossen und die meisten Tiere sind längst tot.

Papageien: Die erfolgreichste Papageienforscherin ist Irene Pepperberg. Sie hielt in ihrem Labor in New York Graupapageien. Ihr bekanntestes Tier war Alex. Er lebte 31 Jahre und wurde damit nur halb so alt wie Papageien in freier Wildbahn.

Schimpansen: Die Haltung von Menschenaffen zu Forschungszwecken ist ausgesprochen umstritten. Ein Tier erlangte besondere Berühmtheit: Nim Chimpsky. Als die Experimente mit ihm abgeschlossen waren, wurde er von Labor zu Labor gereicht und wurde immer aggressiver. Seine traurige Lebensgeschichte lieferte die Grundlage für den Film „Planet der Affen: Prevolution".

DELFINE

Der Geist in den Wassern

In den 1950er-Jahren war der Biologe John C. Lilly auf dem Höhepunkt seiner wissenschaftlichen Karriere. Er interessierte sich besonders für das Gehirn und dessen Funktionen. Er bemerkte, dass das Gehirn von Delfinen weitaus komplizierter aufgebaut war (siehe Infokasten) als das von den Schimpansen, mit denen er bisher gearbeitet hatte. Er spekulierte sogar darüber, dass Delfine intelligenter seien als wir Menschen. Damit er die Tiere besser erforschen konnte, kaufte er sich 1959 auf den Virgin Islands einen Küstenstreifen und baute ein Delfinarium. Seine ersten beiden Tiere, die er einem anderen Delfinarium abkaufte, starben schon nach kurzer Zeit. So ließ er in den folgenden Jahren mehrere Delfine aus der Wildnis fangen, um mit ihnen zu experimentieren.

Er hatte beobachtet, dass die Tiere sogar menschliche Rufe und Worte nachmachen konnten, und versuchte daher, ihnen Englisch beizubringen. Als Wissenschaftler wusste er aber, dass er selbst mit seinen Hoffnungen und Wünschen die Experimente beeinflussen und die Ergebnisse verfälschen konnte. Aus diesem Grund engagierte er die junge, aber schon erfahrene Trainerin Margaret Howe. Sie lebte einige Tage gemeinsam mit den Delfinen in einer Art Wohngemeinschaft. Dabei handelte es sich um ein mit Meerwasser geflutetes Apartment, sodass die Delfine darin schwimmen und Margaret Howe darin waten konnte. Nach vielen Jahren Forschung wurde das Projekt aber aufgegeben. Es gelang nicht, den Tieren Sprechen beizubringen, stattdessen starben viele Tiere in der Gefangenschaft.

INFOKASTEN

Faltung der Großhirnrinde

Für unser Bewusstsein und alle höheren Denkprozesse ist die Oberfläche unseres Großhirns verantwortlich. Durch Faltung wird diese Oberfläche vergrößert und es lassen sich noch mehr Nervenzellen darin unterbringen. Früher glaubte man, dass der Grad der Faltung ein Maß für die Intelligenz der Tiere ist. Auch John Lilly glaubte das. Als er sah, dass das Gehirn von Delfinen noch stärker gefaltet ist als das von uns Menschen, war er überzeugt, dass Delfine besonders klug sind. Heute wissen wir, dass dieser Zusammenhang nur teilweise besteht. Kluge Säugetiere, wie zum Beispiel Mäuse, haben kaum Falten im Gehirn und Vögel sind ganz ohne Falten klug.

Der Forscher Louis Herman gründete ein Labor für Meeressäuger in Honolulu auf Hawaii und war wesentlich erfolgreicher. Er versuchte gar nicht erst, den Delfinen Englisch beizubringen, sondern dachte sich gleich eine neue Sprache aus. Dabei handelte es sich aber nicht um eine Sprache im herkömmlichen Sinne, sondern um so etwas wie eine ganz spezielle Gebärdensprache. Dazu brachte er den Tieren bei, besondere Bewegungen mit der Hand als Signale zu verstehen.

Meist ist es so, dass ein Tier nur auf einen ganz bestimmten Trainer gut reagiert. Bei Herman war das anders, jeder Trainer musste die neu erfundene Sprache lernen und jeder Delfin musste auf jeden einzelnen Trainer **reagieren**. Zum Schluss hätte sogar ein Fremder kommen können. Danach nahm Herman seine Trainer mit einer Videokamera auf und spielte das Video auf einem Fernseher, der hinter einem Unterwasserbullauge stand, ab. Auch das funktionierte hervorragend. Danach zogen sich die Trainer schwarze Sachen an und standen vor einem schwarzen Hintergrund. Nur an den Händen trugen sie weiße Handschuhe und so sahen die Delfine überhaupt keinen Trainer

INFOKASTEN

Delfinshow

In einer Delfinshow machen die Tiere zwar auch bestimmte Dinge auf Kommando, aber jedes einzelne Kommando ist erlernt, es gibt keine Sprache mit Regeln. Vielleicht ist dir schon mal aufgefallen, dass die Trainer nach jedem erfolgreich durchgeführten Kunststück mit ihrer Pfeife trillern. Die Pfeife bedeutet: Sehr gut, du bist fertig. Der Delfin weiß aber sehr genau, dass er nach dreimal Pfeifen etwas zu Essen bekommt, er muss sich also seine Nahrung verdienen. Eigentlich unfair, denn andere Tiere im Zoo bekommen ihr Essen auch ohne Kunststücke.

mehr, sondern nur sich bewegende weiße Handschuhe. Damit war ein hoher Grad der Abstraktion erreicht und eine wichtige Rahmenbedingung für Sprache erfüllt.

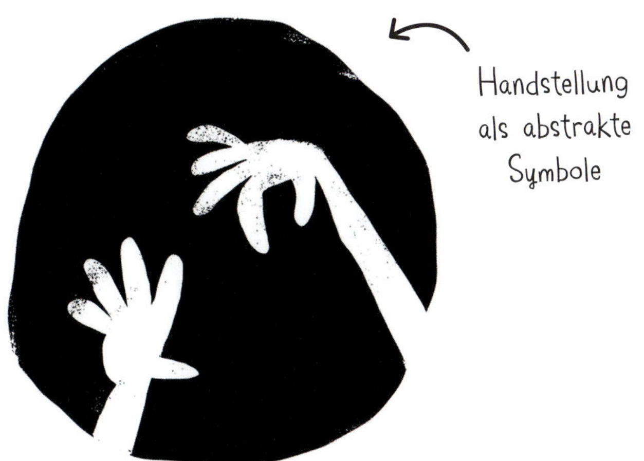

Die einzelnen Gesten dieser Kunstsprache entsprachen Wörtern. So gab es eine Geste für „Ball" und eine für „Ring", es gab aber auch Gesten für **Adverbialbestimmungen**, also „in" oder „an" oder „zuerst" und „danach". Natürlich wurden diese Gesten auch nach einer bestimmten Grammatik arrangiert, wie in unseren Sätzen. So konnten die Handschuhe sagen: „Lege den roten Ball in den Korb in der linken Ecke und schwimme danach zum Unterwasserlautsprecher."

Das ist ein wirklich komplizierter Satz, doch die Tiere haben ihn tatsächlich verstanden. Interessant wurde es, als die Forscher Fehler eingebaut haben. Wenn die Delfine zum Beispiel den festgeschraubten Unterwasserlautsprecher zum Korb links bringen sollten, verharrten sie einfach und forderten eine neue Frage. Ein Hund hätte in einem vergleichbaren Experiment vermutlich begonnen, den Lautsprecher anzustoßen, und wäre aufgeregt hin und her gelaufen. Noch beeindruckender war die Reaktion auf die Frage, ob ein bestimmter Gegenstand im Becken ist oder nicht. Die Delfine konnten dann Tasten für Ja oder Nein drücken. Soweit ich weiß, würden Hunde den Gegenstand ewig suchen, aber sie könnten nicht mit Nein antworten. Es folgten viele Experimente, und so konnte klar gezeigt werden, dass die Tiere einfache Dreiwortsätze verstehen und sogar das Konzept von Null oder Nichts verstanden hatten.

Beim Training von Delfinen benutzt man die sogenannte positive Verstärkung. Vermutlich kennst du das schon: Du beobachtest das Verhalten deines Hundes oder eines anderen Tieres, bis es irgendetwas Besonderes macht. Vielleicht setzt sich dein Hund einfach hin, vielleicht legt er sich auch mit seinen Vorderläufen ganz flach auf den Boden und streckt den Popo nach oben. Es ist völlig egal, was er macht. Aber wenn er etwas macht, musst du ihn sofort loben und vielleicht auch ein Leckerli bereithalten. Verbindest du dieses Verhalten mit einem Kommando, kannst du die tollsten Sachen machen. Mit Menschen funktioniert das übrigens ganz genauso. Es gibt sogar Forscher, die mit diesem Prinzip Aberglauben erklären. Immer wenn etwas Bestimmtes passiert, passiert danach auch etwas anderes. Zum Schluss glaubt man an einen Zusammenhang, obwohl es keinen gibt und beide Dinge nur rein zufällig geschehen sind.

Konditionierung: Gewolltes Verhalten, wie hier das Pfötchengeben, wird mit Belohnung verstärkt.

Die Trainerin pfeift, wenn ein Delfin etwas richtig gemacht hat. Dreimal pfeifen bedeutet einen Fisch. Das weiß der Delfin und macht daher, was die Trainerin von ihm verlangt.

PRIMATEN

Unsere nächsten Verwandten sind uns oft näher, als wir denken, und doch so anders.

SCHIMPANSEN

Auch mit unseren nächsten Verwandten, den **Menschenaffen**, wurden zur selben Zeit vergleichbare Experimente wie mit Delfinen gemacht. Der Vorteil war natürlich, dass Schimpansen oder **Bonobos** nicht im Wasser leben und von ihrer Größe mit Kindern vergleichbar sind. Es lag somit nahe, junge Tiere als Kinder zu adoptieren und genauso aufzuziehen wie Menschen. Die Idee: Wenn unsere nächsten Verwandten genauso klug sind wie wir, dann müssten sie sich ganz ähnlich entwickeln wie unsere Kinder. Natürlich blieb ein solches Experiment nicht ohne Kritiker. Der berühmteste Kritiker war Noam Chomsky, ein **Linguist**. Er hielt diese Experimente für Zeitverschwendung und machte sich ein wenig darüber lustig. Als Antwort darauf nannte der Primatenforscher Herbert Terrace sein Versuchstier Nim Chimpsky (chimp heißt auf Englisch „Schimpanse"). Doch das Experiment schlug fehl. Als Nim älter wurde und immer noch ohne seine Artgenossen leben musste, wurde er immer aggressiver. Als er für die Versuche nicht mehr geeignet war, wurde er von einem Labor zum nächsten gereicht. Er starb schließlich auf der Black Beauty Ranch, einer Art Gnadenhof.

Herbert Terrace brachte Nim die amerikanische **Gebärdensprache** bei. Angeblich beherrschte Nim über 100 Gesten, doch Kritiker behaupten, es seien höchstens 25 gewesen.

INFOKASTEN

Noam Chomsky ist einer der bekanntesten Intellektuellen des 20. Jahrhunderts. Er beschäftigte sich mit dem Denken und der Sprache und war ein großer Kritiker der US-amerikanischen Kriegspolitik. Gemeinsam mit dem ebenfalls sehr bekannten Sprachwissenschaftler Steven Pinker vertritt er die Meinung, dass nur Menschen eine Sprache haben und dass das menschliche Denken erst durch die Sprache möglich wurde. Ich und auch viele andere Wissenschaftler glauben das nicht, doch dazu mehr im Kapitel „Was war zuerst da, die Sprache oder das Denken?“.

Erfolgreicher war das Forscherpaar Allen und Beatrix Gardner. Auch sie adoptierten ein Tier, die Schimpansin Washoe. Washoe wurde etwas anders behandelt, ihr Verhalten wurde nicht wie allgemein üblich mit positiver Verstärkung und der Belohnung durch Futter gesteuert. Sie durfte sich relativ frei entfalten und hatte das Glück, dass ihre neuen Eltern die Gebärdensprache schon konnten und nicht gemeinsam mit ihr lernen mussten. Dadurch war vermutlich von Anfang an eine bessere Integration in die Familie möglich, und so gibt es zahlreiche Anekdoten über ihren Sprachgebrauch. So hat sie beispielsweise einen Schwan selbstständig mit den Gesten ***Wasser*** und ***Vogel*** bezeichnet. Eine durchaus beeindruckende Leistung und ein Zeichen dafür, dass sie bestimmte Grundsätze einer Sprache verstanden hatte. Washoe gilt als das Tier, das als erstes eine menschliche Sprache, die Gebärdensprache, gelernt hat.

BONOBOS

Einen anderen Weg ging die Forscherin Sue Savage-Rumbaugh. Sie brachte ihrem Bonobo Kanzi eine Kommunikation mit abstrakten Symbolen bei. Diese „Yerkish" genannte Sprache bestand aus kleinen Bildern auf großen Karten, den sogenannten Lexigrammtafeln. Kanzi war mit diesen Tafeln in der Lage, kleine Gespräche (siehe Kapitel ***Dialog***) zu führen, und verblüffte über die Jahre viele Journalisten mit seinem fast 400 Symbole umfassenden Vokabular. Angeblich unterschied er auch ganz klar zwischen Menschenaffen im Sinne von Personen und anderen Primaten im Sinne von Nichtpersonen oder Tieren. Berühmtheit erlangte Kanzi durch sein Talent, das Computerspiel Pacman zu spielen. Er kannte die Regeln und wusste durch geschickte Manöver zu gewinnen. Wenn du davon ein Video sehen willst, dann suche doch einfach im Internet nach den Begriffen „Kanzi" und „Pacman".

GORILLAS

Für Gorillas wurde sogar eine eigene Gebärdensprache, die GSL (Gorilla Sign Language), entwickelt. Der bekannteste Gorilla war Koko. Angeblich beherrschte Koko fast 1.000 Gesten und konnte 2.000 gesprochene Wörter verstehen. Eines Tages wurde sie gefragt, wohin Tiere gehen, wenn sie sterben, und Koko antwortete: „Gemütlich – Höhle – Auf Wiedersehen." Bis zu ihrem Tod im Jahr 2018 wurde Koko von der Wissenschaftlerin Francine Patterson betreut und erforscht. Leider wurden ihre Ergebnisse von vielen Wissenschaftlern angezweifelt und es gelang ihr nicht, ihre Erkenntnisse überzeugend zu dokumentieren. 2016 war Kokos Leben Inhalt eines Dokumentationsfilms: „Koko, der sprechende Gorilla".

Die männlichen Silberrücken sind wehrhafte Tiere, wenn es um die Verteidigung ihrer Gorillafamilie geht, doch sie haben auch ihre sanfte Seite.

PAPAGEIEN

Hier wird nicht nachgeplappert, hier wird gesprochen!

Es ist schon faszinierend, sich vorzustellen, mit Tieren wie Delfinen oder Menschenaffen zusammenzuleben und vielleicht sogar mit ihnen zu kommunizieren, findest du nicht? Mit dieser Faszination bist du nicht alleine und daher wurden alle bisher vorgestellten Projekte auch intensiv von der Presse verfolgt. Die einen sprachen von einer Sensation und die anderen von Humbug. Bei so viel Aufmerksamkeit spielt oft auch Geld eine große Rolle und spätestens dann bleibt die unabhängige Wissenschaft auf der Strecke. Mit anderen Worten: Alle bisher vorgestellten Projekte waren und sind umstritten. Es gibt aber eine Forscherin – und ich bin sogar ein bisschen stolz darauf, sie bei einem Workshop an meiner ehemaligen Uni in Berlin kennengelernt zu haben –, die mit ihrem Projekt, dem „Avian-Language-Experiment" (Vogel-Sprach-Experiment), eine Ausnahme darstellt. Es handelt sich um Irene Pepperberg.

Irene Pepperberg kaufte sich 1977 einen ein Jahr alten Graupapagei, den sie Alex nannte. Nun sind Papageien, egal ob sie auf der Schulter eines Piraten oder in einem Käfig sitzen, dafür bekannt, menschliche Sprache nachzuplappern. Aber Alex war anders, denn er konnte tatsächlich sprechen. So konnte man ihn beispielsweise ganz nebenbei fragen: „Welche Farbe hat Mais?" Ohne dass auch nur irgendein Maiskorn herumlag, antwortete er: „Gelb." Natürlich könnte man einem Tier beibringen, auf eine ganz bestimmte Frage wie eben „Welche Farbe hat Mais?" mit „gelb" zu antworten. Dies ist mit positiver Verstärkung und sogenannter **Konditionierung** leicht machbar. Durch die gute Arbeit der Forscherin konnte aber gezeigt werden, dass Alex

tatsächlich die Frage verstanden hatte und sich einfach daran erinnerte, dass Mais gelb ist. Ähnlich wie die Delfine von Louis Herman auf Hawaii verstand Alex das Konzept hinter den Dingen.

Alex war auch dazu in der Lage, aus einer Unterhaltung heraus Neues zu lernen. So fragte er beispielsweise, was Irene jetzt tue. Woraufhin sie entgegnete: „Ich gehe jetzt weg, um mir etwas zu essen zu holen." Alex merkte sich diesen Satz und immer, wenn er später keine Lust mehr auf ein Experiment hatte, sagte er: „Ich gehe jetzt weg." Ganz schön höflich, oder?

Es gibt auch ein sehr anrührendes Gespräch vom Tag vor seinem Tod:

Alex: „You be good. I love you." (Du bist lieb, ich mag dich.)

Irene: „I love you, too." (Ich mag dich auch.)

Alex: „You'll be in tomorrow?" (Bist du morgen wieder da?)

Irene: „Yes, I'll be in tomorrow." (Ja, ich komme morgen wieder.)

Die Philosophin und Sprachforscherin Jennifer Hudin untersuchte einige Gespräche zwischen Irene Pepperberg und Alex. Sie gelangte zu der Auffassung, dass die drei wesentlichen Voraussetzungen einer Sprache erfüllt sind (siehe Infokasten auf Seite 68).

INFOKASTEN 1

Irene Pepperberg arbeitete bei ihrem Training nicht mit Futter, sondern belohnte ihren Alex mit sozialer Nähe und Zuwendung. Auf diese Art und Weise schuf sie eine sehr enge Bindung und dies war vermutlich die Grundlage für ihren wissenschaftlichen Erfolg. Auf der anderen Seite muss man aber bedenken, dass Graupapageien sehr soziale Lebewesen sind und es in Deutschland sogar verboten ist, einen Graupapageien alleine zu halten.

INFOKASTEN 2

Nach heutiger Auffassung muss eine Sprache mindestens die folgenden drei Bedingungen erfüllen:

- Semantik: Die Elemente einer Sprache müssen eine bestimmte Bedeutung haben. Ein Tisch heißt beispielsweise Tisch und alle, die die Sprache sprechen, wissen das.
- Syntax: Eine Sprache folgt bestimmten Regeln, wie der bei uns üblichen Reihenfolge der Satzglieder: Subjekt – Prädikat – Objekt.
- Rückkopplung: Zu einer Sprache gehören mindestens zwei und die müssen in einem Dialog miteinander stehen.

Grundsätzlich lässt sich sagen, dass die untersuchten Tiere, also Delfine, Menschenaffen und Papageien, dazu in der Lage sind, einfache Dreiwortsätze zu verstehen und teilweise sogar zu bilden. David und Ann James Premack, zwei sehr bekannte Primatenforscher, die mit ihren Ideen immer sehr vorsichtig und zurückhaltend waren, urteilten nach jahrelanger Arbeit: „Wir wissen jetzt, dass jemand, der gesprochene Sprache versteht, auch ein Sprachverständnis haben muss, auch wenn er oder sie nicht sprechen kann."

SYNTAX
SEMANTIK

SPRACHFORSCHUNG MIT FREI LEBENDEN TIEREN

NEUE FORSCHUNG

Preiswert, leistungsstark und klein: Die Technik von heute macht es möglich.

Das Problem mit den Forschungsergebnissen im letzten Kapitel war, dass keiner beweisen konnte, dass die Tiere auch im Freiland diese sprachlichen Fähigkeiten anwenden. Dazu musst du wissen, dass die Forschung in einem dicht bewachsenen Wald oder im offenen Ozean ausgesprochen kompliziert ist. Bei Delfinen ist es kaum möglich herauszufinden, wann ein bestimmter Delfin etwas Bestimmtes sagt. Die Tiere müssen ihren Mund zum Sprechen nicht öffnen und man sieht es ihnen einfach nicht an, ob sie etwas sagen. Manchmal kommen zwar ein paar Blasen aus dem Blasloch, aber eben nicht immer. Papageien wiederum leben in großen Gruppen und die Tiere sind sich sehr ähnlich. Wenn sie alle durcheinanderflattern, ist es praktisch unmöglich zu analysieren, wer was zu wem sagt. Bei unseren nächsten Verwandten, den anderen Menschenaffenarten, ist es auch nicht viel besser. Man müsste einen ganzen Wald mit Kameras bestücken und selbst dann wird man nicht immer alle sehen können.

Dennoch hat die moderne Forschung so einiges möglich gemacht. Kameras haben eine viel höhere Auflösung, sind viel billiger geworden und haben fast unbegrenzt Speicherplatz, um tage- und wochenlang ohne Pause aufzunehmen. Moderne Computer rechnen in Bruchteilen von Sekunden aus, wofür ein Hochleistungsrechner vor 20 Jahren noch mehrere Stunden gebraucht hat.

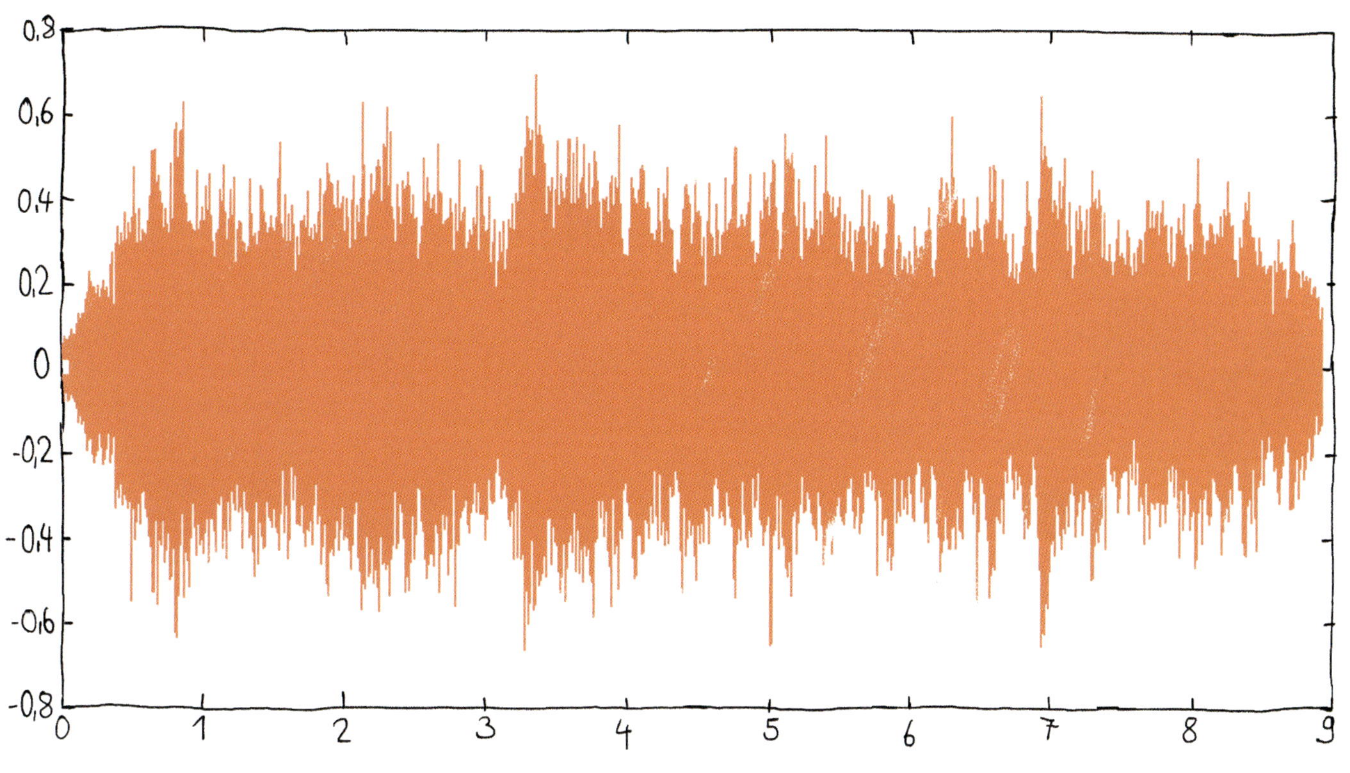

So etwa kommt Schall an unserem Ohr an. Je größer der Ausschlag, desto lauter. Die Abbildung könnte ein fahrendes Auto, aber auch zwei sich unterhaltende Personen mit Hintergrundgeräuschen darstellen. Für einen Computer ist es enorm schwer, in diesem Bild beispielsweise ein Gespräch oder das Rufen von Tieren zu erkennen, doch künstliche Intelligenz macht es möglich.

Überwachungstechnik wie diese Kamera wurde in den vergangenen Jahren einfach und billig. Für Forscher ohne viel Geld ein Glücksfall. Außerdem können die Kameras über Tage und Wochen aufzeichnen.

WORTSCHATZ

Der größte Schatz der Menschheit

Fragt man einen Sprachwissenschaftler, was ein Wort ist, kann man sich auf einen langen **Monolog** mit vielen Fremdwörtern einstellen. Lässt man sich dann die verwendeten Fremdwörter erklären, braucht man mindestens einen Tag. Ob man dann verstanden hat, was ein Wort ist, ist fraglich. Zum Glück sind sich auch die Sprachwissenschaftler nicht ganz einig. Größere Einigkeit besteht darin, was ein Wortschatz ist. Dabei handelt es sich um die Summe aller sprachlichen Einheiten. An dieser Stelle könntest du unser kleines Experiment 1 (Seite 76) machen.

Na, wie viele Geräusche waren es? 20 oder 30? Stell dir vor, du müsstet mit diesem Wortschatz auskommen. Das wäre ganz schön langweilig.

Wir Menschen haben irgendwann begonnen, Geräusche miteinander zu kombinieren. Aus den beiden Geräuschen „ro“ und „sen“ wurde zum Beispiel das Wort „Rosen“. Die Kombination von verschiedenen Lauten hat zwei wahnsinnig wichtige Vorteile. Zum einen kann ich natürlich einen praktisch beliebig großen Wortschatz aufbauen. Zum anderen, und diesen Vorteil darf man nicht unterschätzen, können die entstandenen Wörter besser voneinander unterschieden werden. Ein Brummen oder ein Knurren kann nämlich ganz ähnlich klingen.

Die Frage ist nur: Gibt es auch Tiere, die auf die geniale Idee gekommen sind, Laute zu kombinieren? Noch vor Kurzem hätte ich Nein sagen müssen, denn man glaubte, dass so etwas nur bei der menschlichen Sprache

entstanden ist. Tatsächlich wissen wir aber heute, dass der australische Rotscheitel-Säbler auch einzelne Laute zu neuen Einheiten kombiniert.

Der Rotscheitel-Säbler – das bisher einzige Tier, das in Worten spricht

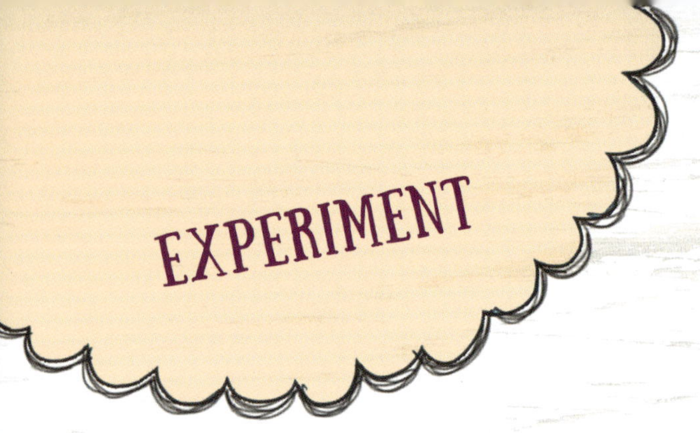

EXPERIMENT 1:

Wie viele unterschiedliche Laute kannst du machen? Du kannst das Experiment alleine machen oder jemanden fragen, der deine Geräusche zählt. Auf jeden Fall müssen sich alle gemachten Geräusche voneinander unterscheiden lassen. Du könntest zum Beispiel grunzen oder schniefen oder rülpsen oder knurren oder brummen oder mit der Zunge schnalzen oder, oder, oder – lass dir etwas einfallen!

Das Spektrum ist reichhaltig, aber begrenzt.

BUUUAAH

PFÜÜÜT

EXPERIMENT 2:

Wie groß ist dein Wortschatz? Um diese Frage exakt zu beantworten, müsstest du alle Wörter, die du kennst, aussprechen und zählen. Das wäre ganz schön mühselig und vermutlich würden dir die meisten gar nicht erst einfallen. Wenn du möchtest, kannst du deinen Wortschatz aber im Internet testen (das ist aber natürlich nur eine Schätzung).

Deutscher Wortschatztest: **https://wortschatz.tk/**

Mein Wortschatz umfasst übrigens 51.000 Wörter und ich war ganz schön stolz darauf, bis ich gelesen habe, dass es in Wahrigs deutschem Wörterbuch 260.000 Wörter gibt.

Englischer Wortschatztest: **http://testyourvocab.com/**

Im Test hatte ich 8.920 Wörter, das ist gemessen am durchschnittlichen Wortschatz eines Englisch sprechenden Menschen von 20.000 bis 30.000 Wörtern natürlich nicht so beeindruckend.

Du musst aber auch wissen, dass man mit 200–300 Wörtern einer Sprache fast alles sagen kann. Wenn du ca. 1.000 Vokabeln kannst, verstehst du 90% der Alltagssprache, du musst also nur jedes zehnte Wort raten oder es aus dem Zusammenhang verstehen. Trotzdem ist die Kenntnis von vielen Wörtern ein wahrer Schatz. Ein Reichtum, der nichts kostet, und doch wertvoll ist.

GRAMMATIK

Ohne Regeln geht gar nichts.

Kannst du dich noch an die drei Bedingungen für eine Sprache erinnern? Eine Bedingung war die Semantik, also die Anwendung von Signalen, die eine bestimmte Bedeutung haben. Wenn ich Tisch sage, dann meine ich eben auch Tisch und nicht Kugelschreiber oder Apfelmus oder gar nichts, wie es wahrscheinlich beim Gesang der Vögel oder Buckelwale der Fall ist. In verschiedenen Kapiteln haben wir schon erfahren, dass viele Tierarten über ein kleines Vokabular verfügen. Wir haben auch gelernt, dass bei einigen Tieren in Gefangenschaft bewiesen wurde, dass sie eine Grammatik verstehen und auch anwenden können. Was fehlte, war ein Beweis im Freiland.

Du kannst dir gar nicht vorstellen, wie überrascht ich war, als tatsächlich die Anwendung einer Grammatik bei wild lebenden Tieren nachgewiesen werden konnte. Ich hatte natürlich damit gerechnet, dass dies nur bei vermeintlich besonders intelligenten Tieren der Fall sein würde ...

Bevor es aber überhaupt einen Satzbau mit Grammatik geben kann, muss erst mal eine Möglichkeit erfunden werden, unterschiedliche Signale miteinander zu kombinieren. Der im Süden Afrikas vorkommende Elsterdrossling hat ein solches Kunststück vollbracht. Er kombiniert den Ruf „komm her" mit dem Ruf „gib acht". Diese Kombination löst ein ganz bestimmtes Verhalten aus (siehe Infokasten).

Ganz ähnlich, und nun sind wir bei meiner großen Überraschung, verhalten sich japanische Meisen. Auch sie kombinieren ihre Rufe, aber sie nutzen dabei sogar eine Grammatik. In einem **Playback-Experiment** haben Forscher die Rufe unter-

schiedlich kombiniert und festgestellt, dass die Meisen nur auf eine bestimmte Reihenfolge reagieren. Wenn ich beispielsweise sage: „Ich lese“, dann weißt du, was ich meine, und setzt dich vielleicht zu mir, um mich zu bitten, dir etwas vorzulesen. Wenn ich aber sage: „Lese ich?“, dann wirst du dich fragen: „Was will der denn von mir? Wenn er selber nicht weiß, ob er liest, woher soll ich das dann wissen?“ Die umgedrehte Anordnung der Wörter macht meinen Satz zu einer Frage und die macht in diesem Fall einfach keinen Sinn. Eine Meise würde auf so einen sinnlosen Satz auch nicht **reagieren**. Sie braucht den Satz in der richtigen Reihenfolge, nur so stimmt die Grammatik und sie reagiert.

Hassen

Hier geht es um einen biologischen Fachbegriff, der ein ganz bestimmtes Verhalten beschreibt. Im Englischen heißt dieser Begriff übrigens Mobbing.

Vielleicht hast du schon einmal beobachtet, dass ein Vogel so tut, als ob er nicht fliegen kann. Auf diese Weise tricksen Vögel Raubtiere aus. Sie springen umher und mimen leichte Beute. Tatsächlich sind sie gesund und munter und locken das Raubtier, vielleicht eine Katze, einfach nur von ihrem Nest fort. Hat ein Elsterdrossling einen Feind entdeckt und will sein Nest nicht verlassen, dann ruft er mit dieser Kombination um Hilfe. Der Gerufene fliegt dann in Richtung Nest und versucht, die Aufmerksamkeit auf sich zu lenken. Bei so viel Schlauheit hat ein Raubtier kaum eine Chance und hechtet der vermeintlich leichten Beute meist vergeblich hinterher.

Japanische Meisen sprechen in Sätzen.
Auf den Bildern siehst du unterschiedliche Rufe/Pfiffe.
Bild I: Die Kombination der Rufe A, B und C bedeutet „gib acht".
Bild II: D bedeutet „komm her".
Bild III: Werden diese Rufe in der Reihenfolge A, B, C und D abgegeben, dann bedeuten sie „mach Hassen" (siehe Seite 79).
Bild IV: Wird die Reihenfolge aber in D und A, B, C vertauscht, passiert gar nichts, der Satz hat keine Bedeutung für die Tiere.
Meisen nutzen also Grammatikregeln, um sich zu verstehen.

(Du siehst übrigens sogenannte Spektrogramme, sie zeigen die Tonhöhe im Verlauf der Zeit an. Ähnlich wie bei unseren Noten zum Musizieren ist ein tiefer Ton unten und ein hoher Ton oben.)

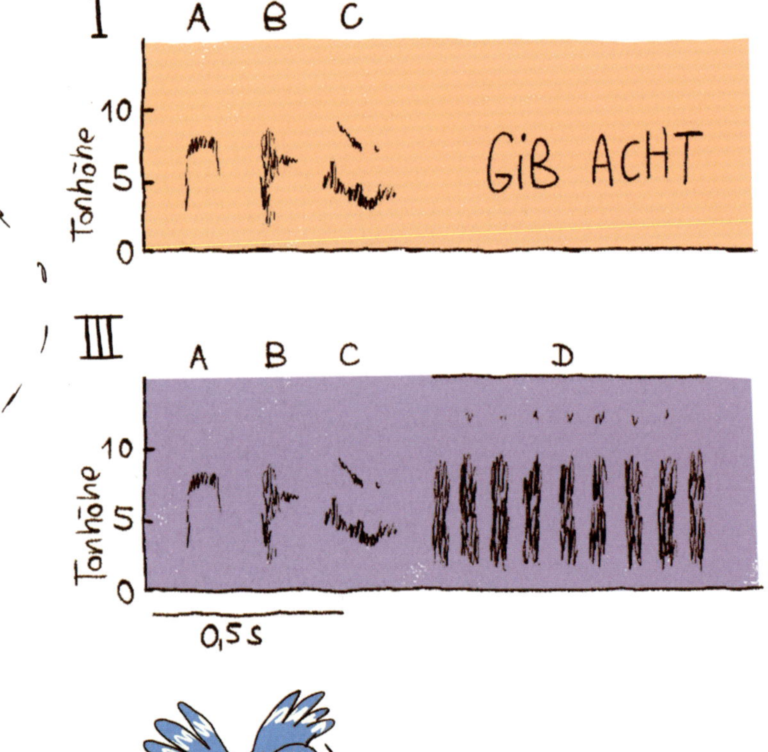

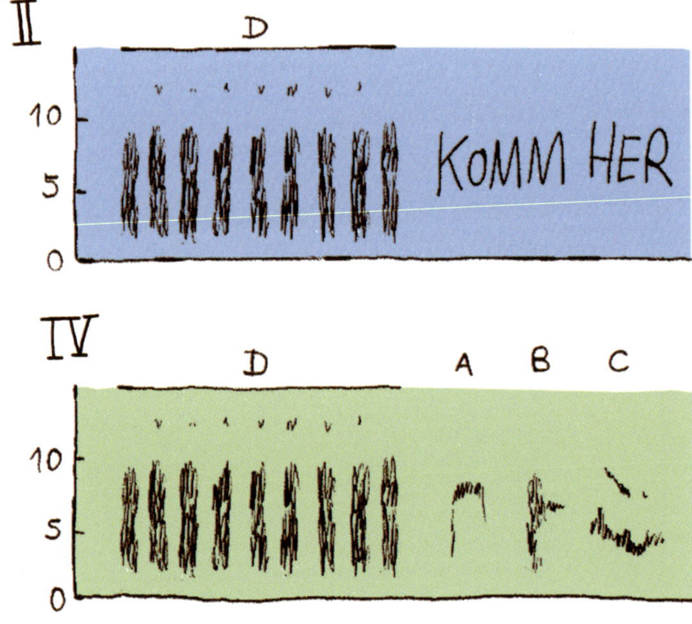

Wer hätte gedacht, dass Meisen eine Grammatik verwenden!

Der Elsterdrossling (Turdoides bicolor) kann ebenfalls verschiedene Rufe miteinander sinnvoll kombinieren.

DIALOG

Zu jedem Gespräch gehören mindestens zwei.

Nach Wortschatz und Grammatik ist der Dialog ein wesentliches Kriterium für eine Sprache. Doch führen Tiere überhaupt Dialoge? Reden sie miteinander durch Zeichen, Körpersprache oder bestimmte Laute?

Noch vor Kurzem wurden diese Fragen verneint, denn auch wenn Tiere beispielsweise gemeinsam jagen oder zusammen vor einem Feind fliehen, muss es sich dabei nicht unbedingt um einen Dialog handeln. Ein solches Verhalten lässt sich nämlich auch aus der Situation heraus erklären. Ein Vogelschwarm, der einem Raubvogel ausweicht, steht nicht im Dialog, auch wenn sein Verhalten intelligent aussieht und man daher auch von Schwarmintelligenz spricht. Jeder einzelne Vogel reagiert auf das Verhalten seines Nachbarn und dadurch entstehen am Ende komplexe Verhaltensmuster. Auch die Jagd eines Wolfsrudels kann man mit der Reaktion auf bestimmte Bedingungen erklären. Je nach Position in einem jagenden Rudel könnte sich ein bestimmtes Verhalten ergeben. Von außen betrachtet sähe alles gut aufeinander abgestimmt aus, aber tatsächlich würde sich das Verhalten aus der Situation heraus ergeben.

Bei einem Dialog müssen aber Informationen hin und her gehen und genau das traute man Tieren bislang nicht zu. Wenn man allerdings sehr gut beobachtet, dann findet man durchaus Dialoge im Tierreich. Wenn eine Nachtigall ihr Lied singt, markiert sie auf diese Weise ihr Revier (siehe Kapitel ***Gesang***). Ist sie mit ihrem Lied fertig, beginnt eine Nachtigall in der Umgebung mit ihrem Lied. Wenn das Territorium noch nicht aufgeteilt ist, wird die singende

Nachtigall in ihrer Darbietung unterbrochen. Das ist ein aggressives Zeichen und genauso, als würden wir jemanden nicht ausreden lassen.

Nachtigallen stehen also miteinander im Dialog und passen ihr Verhalten aneinander an. Auch wenn sie mit ihren Gesängen keine abstrakten Informationen austauschen, stimmen sie sich im Dialog über ihr Territorium ab.

Es gibt viele weitere Beispiele. Besonders gut untersucht ist die Gruppe der Primaten, bei denen fast alle im Dialog stehen.

Aber sogar Insekten stehen miteinander im Dialog. Manche sagen zum Beispiel wie ein menschlicher Funker „over and out", nachdem sie fertig sind, und geben damit das Signal, dass nun die anderen dran sind.

Dialoge haben auch eine starke soziale Komponente, doch dazu mehr im Kapitel *Tiere trainieren*.

Selbst Insekten stehen im Dialog.

Vielleicht probierst du im Frühjahr einfach mal, auf den Gesang eines Vogels zu **reagieren**. Oft reagieren Vögel auf menschliches Pfeifen und es kommt zu einem schönen Hin und Her. Ganz wichtig ist aber, dass du den Gesang des Vogels nicht unterbrichst. Du weißt ja nun, dass das auch unter Vögeln als unhöflich gilt. Wenn du einen Vogel triffst, der vokales Lernen kann (wie zum Beispiel ein Star oder Eichelhäher), dann versuche doch mal etwas Neues zu pfeifen und höre genau zu, ob der Vogel es nachmacht.

Star

Eichelhäher

Lemur

HALBAFFEN

Nicht nur wir Menschen reden im Dialog. Selbst die Lemuren, die früher nur als Halbaffen bezeichnet wurden, führen Dialoge, und somit ist die Erfindung des Dialogs vermutlich mehr als 60 Millionen Jahre alt.

AFFEN

Weißbüschelaffe

Zwergseidenäffchen

Roter Springaffe

Totenkopfaffe

Campbell-Meerkatze

MENSCHENAFFEN

Orang-Utan

Gorilla

Bonobo

Schimpanse

Mensch

REDEWENDUNGEN

Das geht auf keine Kuhhaut!

Hast du schon einmal eine Redewendung verwendet? Vielleicht nicht, aber bestimmt hast du schon welche gehört. Vielleicht haben deine Eltern einmal gesagt, dass du ziemlich über die Stränge geschlagen hast. Vermutlich wissen aber weder deine Eltern noch du, was es eigentlich bedeutet, über die Stränge zu schlagen (siehe Infokasten). Aber das macht auch nichts, denn du weißt ja, was gemeint ist.

Damit haben wir auch schon gut beschrieben, was eine Redewendung ist. Die eigentliche Bedeutung hat nichts mit den gesprochenen Wörtern zu tun. Wie du dir denken kannst, ist dies eine ziemlich komplexe Anwendung. Aber kannst du dir vorstellen, dass auch Tiere Redewendungen verwenden?

Das ist tatsächlich so. Wissenschaftler haben den Gebrauch von Redewendungen bei Weißnasenmeerkatzen und bei Campbell-Meerkatzen beobachtet. Die possierlichen Äffchen haben zwei Rufe. Die sogenannten „pyows" für Leoparden oder Feinde am Boden und die „hacks" für Adler, also Feinde aus der Luft. Beide lösen ganz spezielle Reaktionen aus und helfen, den unterschiedlichen Raubtieren zu entkommen. Doch wenn sie „pyows" und „hacks" miteinander kombinieren, entsteht eine völlig andere Bedeutung, nämlich: „Komm, lass uns gehen!" Mit dieser Aufforderung meinen die Tiere keine panische Flucht, sondern ein gemütliches Weiterschlendern zur nächsten Futterquelle.

INFOKASTEN

Redewendungen:

Über die Stränge schlagen: Wenn ein Zugpferd vor einer Kutsche zu schnell läuft und seine Hufe über die Zugstange schlagen, besteht die Gefahr, dass sich die Hufe im Geschirr verheddern.

Das geht auf keine Kuhhaut: Die Redewendung geht auf das Mittelalter zurück, als man glaubte, dass der Teufel die Missetaten eines jeden Menschen auf einem Kuhleder notierte, um am Tag des Jüngsten Gerichts die Seele des Übeltäters zu bekommen. Manche Menschen hatten so viel verbrochen, dass der Platz auf dem Leder nicht ausreichte.

Jemandem einen Bärendienst erweisen: Bei der Redewendung meint man, dass jemand im guten Glauben, hilfreich zu sein, nur schadet. Die Idee dahinter ist die falsche Vorstellung, dass Bären ein wenig tollpatschig sind.

Links: Die Große Weißnasenmeerkatze (*Cercopithecus nictitans*) benutzt in ihrer Kommunikation mindestens eine Redewendung.

Rechts: Gleiches gilt auch für die Campbell-Meerkatze (*Cercopithecus campbelli*).

HÖFLICHKEIT

Höflichkeit ist eine Zier, doch weiter kommt man ohne ihr! – Das stimmt nicht!

Hand aufs Herz. Zu wem bist du höflicher – zum Direktor deiner Schule oder zu deinen Eltern? Vermutlich wirst du zugeben, dass du gegenüber deinen Eltern nicht immer besonders höflich bist. Der Grund dafür ist ganz einfach. Du weißt, auch wenn du unhöflich bist, dass deine Eltern sowieso alles tun, damit es dir gut geht. Bei dem Direktor deiner Schule oder bei anderen Autoritätspersonen kannst du dir nicht so sicher sein. Wenn du von diesem Personenkreis etwas willst, bist du ausgesprochen höflich und zuvorkommend. Natürlich bist du auch zu deinen Eltern höflich, nur eben nicht immer.

Diesen Effekt haben auch viele Forscher bei Tieren beobachtet. Tatsächlich gibt es noch keine echte Forschung dazu, aber vor Kurzem hat sich ein kleiner Kreis von Forschern getroffen und darüber diskutiert, ob Höflichkeit nicht ein altbewährtes, im Verlauf der Evolution entstandenes Prinzip ist.

Es gibt aber auch andere Bereiche, die man aus dem Blickwinkel der Höflichkeit betrachten kann. Wenn sich Hunde beispielsweise zu doll gebalgt haben und einer dem anderen aus Versehen wehgetan hat, dann entschuldigt sich der Täter bei seinem Opfer. Bei uns Menschen würde man so etwas Höflichkeit nennen.

INFOKASTEN

Politeness Equilibrium Principle nennen die Forscher den zugrunde liegenden Mechanismus, mit dem die unterschiedliche Stärke der Höflichkeit erklärt werden soll. Gemeint ist, dass es ein Gleichgewicht zwischen Höflichkeit, sozialer Nähe und Autorität gibt.

Sei doch einfach mal extrem höflich gegenüber deinen Eltern. Es wird nicht lange dauern und sie werden es verwundert bemerken. Doch Achtung, ich würde dir nicht empfehlen, den umgekehrten Versuch mit deinem Schuldirektor durchzuführen!

SORRY, ICH HABE ES NICHT SO GEMEINT!

Auch Hunde entschuldigen sich höflich, wenn sie aus Versehen zu grob waren.

NEANDERTALER

Tier oder Mensch? Wie würden wir heute wohl mit Neandertalern zusammenleben?

Ich weiß, unser Kapitel heißt *Sprachforschung mit frei lebenden Tieren*. Die Neandertaler sind weder Tiere, noch sind sie lebend. Es handelt sich um eine andere Menschenart, die vor ca. 30.000 Jahren ausgestorben ist. Vielleicht fragst du dich nun, warum ich sie hier überhaupt erwähne.

Obwohl sie aus wissenschaftlicher Sicht eindeutig Menschen sind, bin ich mir nicht sicher, ob wir sie als Menschen anerkennen würden. Vielleicht würden sie noch heute genauso leben wie damals und wären in ihren Lebensumständen kaum von Schimpansen zu unterscheiden.

Noch vor Kurzem glaubte man, dass ein großer Unterschied zwischen uns modernen Menschen und den anderen Menschenaffenarten sowie den Neandertalern unsere Fähigkeit zur Sprachbildung ist. In Knochenfunden hat man aber kürzlich beim Neandertaler ein **Zungenbein** entdeckt, das dem unseren sehr ähnlich sieht. Daher glaubt man heute, dass sie genauso zum Sprachgebrauch fähig waren wie wir. Außerdem unterschieden sich vor 30.000 Jahren die kulturellen Leistungen nicht sehr von denen der damaligen modernen Menschen. Kürzlich hat man sogar herausgefunden, dass sie in Portugal Fischfang, eine ziemlich komplizierte Tätigkeit, betrieben. Die Wissenschaft geht daher aktuell davon aus, dass der Neandertaler mit dem modernen Menschen fast **auf Augenhöhe** war.

Bereits in den Siebzigerjahren hatte man bei **anatomischen** Untersuchungen an Schimpansen festgestellt, dass sie nicht zur Sprachbildung fähig sind. Doch kürzlich entdeckte man, dass sowohl Makaken als auch Bonobos anatomisch zur Sprach-

bildung in der Lage sind. Es ist also wirklich schwer, eine klare Linie zu ziehen.

Doch was genau ist denn dann der Unterschied zu den anderen Menschenaffenarten, Neandertalern und uns modernen Menschen? Was macht uns zu dem, was wir heute sind, und was macht uns so erfolgreich? Aus genetischer Sicht gibt es vermutlich keinen entscheidenden Unterschied. Es sind winzig kleine **Mutationen**, die zu eher unauffälligen Verhaltensänderungen führen. Eine davon könnte aber unseren Erfolg recht schlüssig erklären. Aus meiner Sicht handelt es sich dabei um die starke innere Motivation zu Zusammenarbeit und Unterordnung (vielleicht liest du dazu das letzte Kapitel in meinem ersten Kinderbuch ***Wie Tiere denken und fühlen***).

INFOKASTEN

Die biologische Art „Mensch“ nennt man „Homo“. Neben dem modernen Menschen, dem ***Homo sapiens***, zu denen du, aber auch alle anderen Leser dieses Buches gehören, gab es (nach bisherigem Kenntnisstand) noch 12 andere Menschenarten, unter anderem den ***Homo neanderthalensis***, den Neandertaler.

Die einzelnen Arten haben in den vergangenen 5 Millionen Jahren zu unterschiedlichen Zeiten gelebt. Es gab sogar eine Zeit, da haben vier oder fünf verschiedene Menschenarten gleichzeitig gelebt. Der Homo sapiens hat beispielsweise mit dem Homo neanderthalensis noch bis vor 30.000 Jahren gemeinsam gelebt. Zu dieser Zeit gab es auch einige moderne Menschen, die mit Neandertalern Kinder gezeugt haben. Diese Seitensprünge lassen sich noch heute in jeder einzelnen deiner Zellen nachweisen.

Ähnlich wie der moderne Mensch konnte auch der Neandertaler schon gut kommunizieren.

Mit ihm hat alles angefangen, der moderne Steinzeitmensch legte den Grundstein für unsere Sprache.

Früher glaubte man, dass Bonobos und Schimpansen anatomisch nicht zum Spracherwerb fähig sind. Heute wissen wir, dass Bonobos und sogar Makaken dazu in der Lange sind.

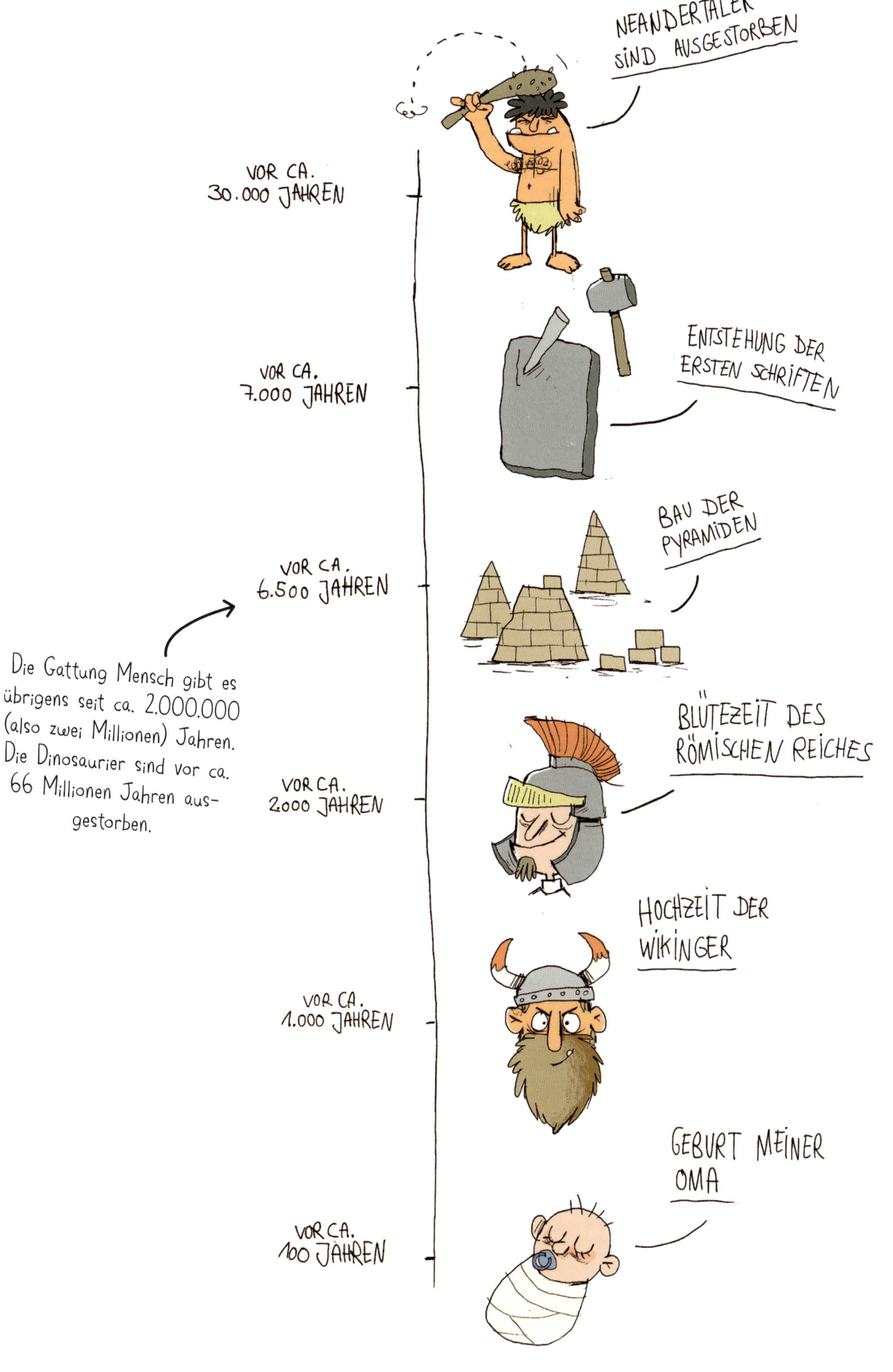
NEANDERTALER SIND AUSGESTORBEN
VOR CA. 30.000 JAHREN
ENTSTEHUNG DER ERSTEN SCHRIFTEN
VOR CA. 7.000 JAHREN
BAU DER PYRAMIDEN
VOR CA. 6.500 JAHREN
Die Gattung Mensch gibt es übrigens seit ca. 2.000.000 (also zwei Millionen) Jahren. Die Dinosaurier sind vor ca. 66 Millionen Jahren ausgestorben.
BLÜTEZEIT DES RÖMISCHEN REICHES
VOR CA. 2000 JAHREN
HOCHZEIT DER WIKINGER
VOR CA. 1.000 JAHREN
GEBURT MEINER OMA
VOR CA. 100 JAHREN

WAS WAR ZUERST DA, DIE SPRACHE ODER DAS DENKEN?

Die etwas andere Geschichte
von der Henne und dem Ei

WIE TIERE DENKEN UND FÜHLEN

Was geht eigentlich in den Köpfen von Tieren vor?

Vermutlich denken und fühlen Tiere ganz ähnlich wie wir. Früher trennte man gerne zwischen dem vernunftbegabten Menschen und dem instinktgesteuerten Tier. Doch auch wenn wir in unserem täglichen Leben oft sagen, das habe ich instinktiv gemacht – einen Instinkt gibt es nicht. Stattdessen wird heute sowohl menschliches als auch tierisches Verhalten mit Denken und Fühlen erklärt. Allerdings gibt es nicht nur ein Denken oder ein Fühlen. Das Denken, wie wir es in jedem Moment unseres Lebens wahrnehmen, setzt sich aus einer Vielzahl unterschiedlicher Fähigkeiten zusammen. Da gibt es z. B. die Fähigkeit, Kategorien zu bilden oder logisch zu denken, und wir können sogar über das Denken nachdenken. Bei den Gefühlen ist es ganz ähnlich. Wir empfinden Freude und Zuneigung, Hass und Trauer und noch vieles mehr. Leider ist es nicht möglich zu sagen, dass Tiere all dies auch tun. Tatsächlich müssen wir jede einzelne Tierart auf jeden einzelnen Aspekt testen oder untersuchen. Erst wenn wir wissen, dass beispielsweise ein Tier einen Test auf logisches Denken besteht, können wir sagen, dass es logisch denken kann. In diesem Fall können wir davon ausgehen, dass das Tier genauso logisch denkt wie wir. Alles andere wäre unlogisch, denn es kann ja nur eine Form des logischen Denkens geben.

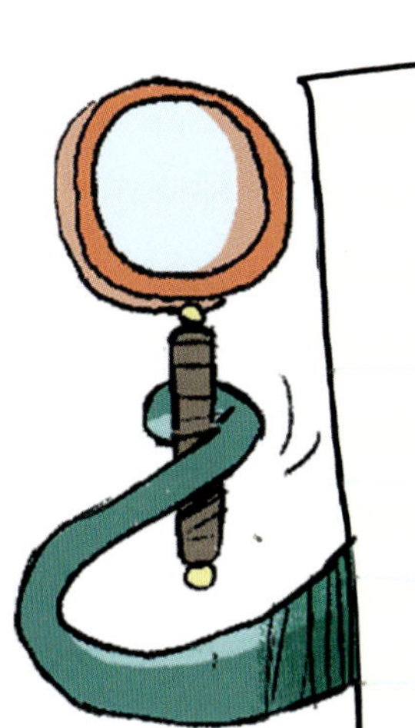

Instinkt

Als Instinkt bezeichnet man einen inneren angeborenen Steuerungsmechanismus, der auf bestimmte äußere Reize ein bestimmtes Verhalten auslöst. Die bekannten Verhaltensforscher Konrad Lorenz und Nikolaas Tinbergen haben versucht, eine Instinkttheorie zu entwickeln, doch selbst nach jahrzehntelanger Forschung war das nicht möglich (siehe Kapitel *Instinkttheorie*).

DER ERSTE GEDANKE AUF UNSEREM PLANETEN

Wo ist meine Beute?

Natürlich kennt niemand den ersten Gedanken auf unserem Planeten, aber vermutlich war er so ähnlich: Wo ist meine Beute? Einfach gebaute Tiere ohne Nervensystem, wie zum Beispiel das einzellige **Pantoffeltierchen**, können nicht denken. Sie können nur auf Reize reagieren. Zum Beispiel nimmt das Pantoffeltierchen auf der Oberfläche eine kräftige Berührung wahr und merkt, dass es gegen etwas gestoßen ist. Es zieht sich dann mithilfe seiner Härchen zurück, dreht sich um ein paar Grad und versucht erneut voranzukommen. Das geht so lange weiter, bis es das Hindernis umrundet hat. Ganz ähnlich ist es mit Nahrung. Stößt ein **Bakterium** an das Pantoffeltierchen, dann versucht das Pantoffeltierchen, das Bakterium zu seiner Mundöffnung zu befördern. Gelingt es aber dem Bakterium, sich zu befreien, dann ist es für das Pantoffeltierchen so, als wäre das Bakterium nie da gewesen. Einer Katze würde das nicht passieren, sie weiß genau, dass die Maus noch da ist, auch wenn sie gerade hinter einer Wurzel verschwunden ist. Die Wissenschaftler nennen diese Fähigkeit *Objektpermanenz*. Das bedeutet, dass man ein Objekt als Gedankenbild permanent im Kopf behalten kann. Hat man erst einmal diese Fähigkeit entwickelt, kann man mit diesen Gedanken viele tolle Dinge tun. Doch dazu mehr auf den folgenden Seiten.

INFOKASTEN

Als Objektpermanenz bezeichnet man die Fähigkeit, ein Gedankenbild im Kopf zu bewahren. Ich weiß, dass etwas, das ich gerade gesehen habe, immer noch irgendwo sein muss, auch wenn es verschwunden ist. Der Begriff geht auf den Schweizer Entwicklungspsychologen Jean Piaget zurück, der sich intensiv mit der geistigen Entwicklung von Kindern beschäftigt hat.

Eine Katze weiß genau, dass eine Maus nicht einfach verschwunden sein kann. Sie hat das Bild der Maus in ihrem Gehirn gespeichert und weiß daher, dass es sich lohnt, nach der Maus zu suchen.

Das Pantoffeltierchen: Es besteht nur aus einer Zelle und du findest es in jedem Tümpel, sogar in einer Blumenvase, wenn das Wasser grün geworden ist.

Kennst du das Hütchenspiel? Es ist ein verbotenes Glücksspiel und man sollte, auch wenn man sich noch so sicher ist, auf der Straße niemals mit einem Hütchenspieler spielen. Der Grund: Es sind geübte Betrüger. Dennoch möchte ich dich hier ermuntern, es zu Hause zu spielen. Du kannst es mit Menschen, aber auch mit Tieren probieren und herausfinden, wer Objektpermanenz hat. Dazu nimmst du einfach drei Becher und legst etwas Interessantes unter einen der Becher, dann bewegst du die Becher hin und her. Dein Spielpartner muss nun erraten, unter welchem Becher sich der Gegenstand oder das Leckerli befindet.

Jeder denkt: Das kann ich locker! Aber auf der Straße ist das Hütchenspiel gefährlich, denn Trickbetrüger nutzen unsere Sicherheit aus.

Die Fähigkeit, ein Gedankenbild im Kopf zu bewahren, teilen wir mit vielen hoch entwickelten Tieren. Mit dem Hütchenspiel kann man diese Fähigkeit testen.

DIE WELT DER GEDANKEN

Denktests

Die folgenden beiden Kapitel, also *wie Tiere denken und fühlen*, habe ich in meinem gleichnamigen Kindersachbuch bereits ausgiebig behandelt. Wenn du noch mehr Beispiele kennenlernen willst, dann kannst du dort ja mal einen Blick hineinwerfen. Anderenfalls lies einfach hier und im folgenden Kapitel die Zusammenfassung.

In der Verhaltensbiologie und in der Psychologie spricht man von unterschiedlichen Arten zu denken. Diese Denkarten werden voneinander getrennt behandelt. Auch wenn es sich für dich nicht so anfühlt: Wenn du gerade logisch denkst, dann denkst du nur **logisch** und nicht auch **abstrakt**. Du kannst zwar blitzschnell umschalten, aber die beiden Fähigkeiten unterscheiden sich doch grundsätzlich. Ganz ähnlich ist es, wenn du über dein Denken nachdenkst. Meist handelst du aufgrund deiner Gefühle oder Gedanken, ohne zusätzlich über deine Gefühle und Gedanken nachzudenken. Vielleicht hast du aber schon mal diesen Spruch gehört: Mensch, denk doch mal nach, bevor du handelst! Natürlich hast du vorher gefühlt und gedacht und dann entsprechend gehandelt, aber du hast nicht darüber *nach*gedacht. Du hast zum Beispiel nicht berücksichtigt, welche Folgen dein Handeln haben wird. Das nennt man **Metakognition** (siehe Kapitel *Vom Denken über das Denken*).

Kein Mensch kann alle verschiedenen Denkarten gleichzeitig denken, aber man benutzt sie ganz automatisch, wenn man sie braucht. Es ist fast so, als würdest du beim Joggen über ein Hindernis springen müssen. Dein Gehirn steuert zuerst das Joggen, dann wird das Springen gebraucht und dein Gehirn steuert das Springen.

Wenn dein Sportlehrer wissen möchte, wie weit du springen oder wie schnell du laufen kannst, dann testet er es mit einer Stoppuhr oder misst es mit einem Metermaß. Je nachdem, was man untersucht, benutzt man ein bestimmtes Verfahren.

Die Forscher, die sich für das Denken bei Tieren interessieren, machen es genauso. Mal testen sie logisches Denken, mal abstraktes oder strategisches oder kreatives Denken. Mal testen sie das Selbstbewusstsein oder untersuchen, wie gut das Gedächtnis funktioniert. Mal wollen sie wissen, ob ein Tier die Fähigkeit hat, Gerechtigkeit zu empfinden oder ob es in einer Kultur lebt. All dies können Tiere und insofern unterscheiden sie sich gar nicht so sehr von uns.

INFOKASTEN

Tiere können sogar Krieg führen. Dazu muss man mindestens strategisch, planvoll und logisch denken können. Womöglich muss man auch über den Plan nachdenken. Krieg ist also eine hoch komplizierte Handlung. Ein Beispiel ist der Kibale Nationalpark in Uganda: Forscher dokumentierten, wie einige Schimpansen leise und in einer Reihe hintereinander in das Territorium einer anderen Schimpansengruppe eindrangen und dort einzelne Tiere überfielen und totschlugen. Diese Guerillataktik wurde so lange durchgeführt, bis die ursprünglichen Bewohner sich nicht mehr in ihr eigenes Territorium trauten. Als dies geschehen war, verhielten sich die Angreifer wieder ganz normal. Sie liefen nicht mehr leise in einer Reihe hintereinander, sondern verteilten sich überall und machten viel Krach. Mit anderen Worten: Sie fühlten sich in ihrem neuen Territorium wie zu Hause.

DIE WELT DER GEFÜHLE

Den richtigen Partner finden

Ähnlich wie beim Denken ist es auch beim Fühlen. Wenn du dich gerade totlachst und Spaß hast, dann bist du nicht gleichzeitig wütend, und wenn du um jemanden richtig trauerst, fühlst du dich nicht ausgeglichen. Auch die Gefühle funktionieren einzeln für sich allein. Ausnahmen fühlen sich sehr merkwürdig an. Vielleicht kennst du das Gefühl, himmelhochjauchzend und zu Tode betrübt zu sein. Ich kenne das, wenn etwas Neues und Aufregendes beginnt, ich aber darüber traurig bin, dass etwas anderes zu Ende geht. Hier haben wir in einem Moment zwei unterschiedliche Situationen mit den entsprechenden Gefühlen.

Gefühle sind wichtige Steuermechanismen, die im Verlauf der **Evolution** entstanden sind. Letztlich sollen sie einfach nur ein bestimmtes Verhalten auslösen, das in diesem Moment sinnvoll ist. Wenn ich zum Beispiel vor etwas Angst habe, dann soll dieses Gefühl dafür sorgen, dass ich mich in Sicherheit bringe. Doch schauen wir uns zunächst ein ganz besonderes Gefühl an.

Für die meisten Menschen ist die Familie das Wichtigste auf der Welt. Natürlich gibt es auch noch Freunde, Beruf, Hobbys und vieles mehr, aber eine Familie, in der man glücklich ist, ist ein Schatz, der wirklich unbezahlbar ist. Doch was steht am Anfang einer Familiengründung?

Die Nase. Ja, du hast richtig gelesen! Irgendwann hatten zwei Menschen den richtigen Riecher füreinander und haben eine

Familie gegründet und Kinder bekommen. Es ist ganz schön verrückt, aber die Erfindung, den richtigen Partner zur erschnüffeln, ist 500 Millionen Jahre alt. Selbst Fische finden auf diese Weise ihren Partner.

Vielleicht ist dir schon mal aufgefallen, dass nicht jeder Mensch gut riecht. Oft können sich auch Bruder und Schwester nach der Pubertät gegenseitig nicht mehr riechen und behaupten steif und fest, dass der andere stinkt. Tatsächlich ist das ein genialer Trick, denn so wird **Inzucht** vermieden. Wenn nahe Verwandte miteinander Kinder bekommen, ist die Wahrscheinlichkeit des Auftretens einer **Erbkrankheit** viel höher als im Normalfall. Der „Gestank" verhindert das, denn um Kinder zu zeugen, muss man sich sehr nahe kommen. Doch was genau riechen wir eigentlich?

Unsere Nase riecht Stoffe, die unser **Immunsystem** (siehe Infokasten auf Seite 107) repräsentieren. Ist das Immunsystem sehr ähnlich, finden wir, dass jemand stinkt. Ergänzt aber das Immunsystem unseres, dann haben wir einen betörenden Duft in der Nase. Dieser Duft und das damit verbundene Gefühl von Zuneigung steht am Beginn einer jeden engen Partnerschaft.

Ich meine übrigens alle Partnerschaften, die von Wirbeltieren (also von Fischen, Reptilien, Vögeln und Säugetieren) eingegangen werden. Wir alle haben diesen betörenden Duft in der Nase, der uns den richtigen Partner wählen lässt. Freuen können sich dann die Kinder, denn ihr Immunsystem ist besser als das ihrer Eltern.

EXPERIMENT

Als ich in Kiel studiert habe, bat mich eine gute Freundin eines Tages um mein Achselhaar. Ich muss wohl ein bisschen verwundert ausgesehen haben, denn sie erklärte mir, dass sie an einem Experiment zur Partnerwahl teilnehme und dass alle Frauen gebeten worden seien, Männerhaare mitzubringen. Wenn du möchtest und du dich nicht scheust, anderen zu nahe zu kommen, dann schnüffele dich doch durch die Menschen, die du kennst, und frage auch mal die Erwachsenen, ob sie einen Tag auf Deo verzichten, um an deinem Schnüffeltest teilzunehmen.

Mann, du stinkst unter den Achseln!

INFOKASTEN

Immunsystem

Unser Immunsystem schützt uns vor Krankheiten. Es besteht aus verschiedenen Organen wie beispielsweise den Mandeln, den Lymphknoten, dem Thymus, der Milz und dem Knochenmark. Es produziert verschiedene Zellarten, die im Kampf gegen Bakterien, Viren, einzellige Krankheitserreger, Würmer und sogar Gifte unterschiedliche Aufgaben erfüllen. Es ist extrem wichtig, denn vermutlich ist die Wahrscheinlichkeit, von einem Krankheitserreger getötet zu werden, genauso hoch, wie von einem Raubtier gefressen zu werden – oder von einem Auto überfahren zu werden. Auch wenn du es dir nicht vorstellen kannst: Dein Immunsystem rettet dir täglich das Leben.

Hm, mit dir möchte ich Babys machen ...

VOM DENKEN ÜBER DAS DENKEN

Die Forscher nennen das Metakognition.

Früher glaubte man, dass nur Menschen über sich selbst nachdenken können. Philosophen hielten diese Fähigkeit sogar lange für etwas, das ganz zentral nur für uns Menschen steht und uns zu dem macht, was wir sind. Heute wissen wir, dass auch viele Tiere über sich selbst nachdenken können. Das ist schon ein bisschen verrückt, denn theoretisch müsste man die Tiere dann ja ganz ähnlich behandeln wie Menschen.

Getestet wird diese Fähigkeit ganz einfach. Lies dir dazu doch unser Experiment durch. So ein ähnliches Experiment kannst du natürlich auch mit Tieren oder mit kleinen Geschwisterkindern durchführen. Du musst aber immer darauf achten, dass alles freiwillig geschieht, sonst funktioniert der Versuch nicht. Es kann auch sein, dass jemand den Test nicht besteht, aber trotzdem über Metakognition verfügt. Vielleicht hatte derjenige einfach nur gerade keine Lust, an dem Experiment teilzunehmen, oder er fand die Belohnung nicht so toll. Echte Forscher haben dieses Problem auch.

Bienen können über sich selbst nachdenken.

Tauben auch!

Metakognition

Als Metakognition bezeichnet man Gedanken, die man sich über das eigene Denken macht. Man denkt zum Beispiel über sein Wissen, die eigenen Einstellungen und Meinungen, über Gefühle oder auch über die eigene Kreativität nach. „Meta“ bedeutet im Griechischen sinngemäß „über“ etwas stehen und „Kognition“ sind alle „geistigen“ Vorgänge in deinem Gehirn. Metakognition bedeutet also „über den Gedanken stehen“.

EXPERIMENT

Das Denken über das Denken zu testen, ist ganz einfach. Du kannst es mit deinen Freunden versuchen. Dazu musst du dir einige Fragen ausdenken, die leicht zu beantworten sind, und einige Fragen, die schwer zu beantworten sind. Wenn man eine Frage richtig beantwortet hat, bekommt man zum Beispiel einen Schokoriegel (der ist zwar nicht gesund, aber vermutlich wären deine Freunde für eine Möhre nicht so bei der Sache). Wenn man aber falsch entschieden hat, bekommt man nichts. Es gibt aber auch eine dritte Option: Nachdem man die Frage gehört hat, darf man sich entscheiden, ob man sie überhaupt beantworten will oder nicht. In diesem Moment musst du über dein eigenes Wissen nachdenken und benutzt Metakognition. Du fragst dich selbst, ob du die Frage beantworten kannst und ob dein Wissen reicht, oder ob du raten musst – dann hast du nur eine 50:50-Chance auf den Schokoriegel. Wenn du nicht raten willst und dich entscheidest, die Frage nicht zu beantworten, dann bekommst du als Trostpflaster ein Viertel des Schokoriegels. Die Chance, nichts zu bekommen, steht also 50:50 – ein Stück Schokoriegel hättest du hingegen sicher.

Tiere mit Metakognition entscheiden sich für das Trostpflaster, denn sie haben darüber nachgedacht, dass ein kleines Stück Schokolade besser ist als gar nichts. Tiere, die nicht über sich nachdenken können, versuchen einfach ihr Glück.

Nicht nur wir können über uns nachdenken. Viele Tiere wie zum Beispiel Ratten können das auch.

SCHWARMINTELLIGENZ

Was Hänsel und Gretel mit Ameisen gemeinsam haben

Vielleicht hast du schon einmal im Fernsehen gesehen, wie organisch ein Vogel- oder ein Fischschwarm auf ein Raubtier reagiert. Ein Raubfisch oder ein Greifvogel fliegt in den Schwarm hinein, doch dieser teilt sich auf magische Art und Weise, um hinter dem Raubtier wieder miteinander zu verschmelzen. Je nachdem, wie schnell das Raubtier kommt oder aus welcher Richtung es sich nähert oder ob es mit oder gegen die Sonne anfliegt – der Schwarm verhält sich in einer ganz charakteristischen Art und Weise. Manchmal zieht sich der Schwarm sogar um ein Raubtier zusammen, sodass dieses die Orientierung verliert und einfach nur schnell aus dem Schwarm wieder rauswill. In diesem Fall spricht man von der Intelligenz eines Schwarms oder von Schwarmintelligenz. Tatsächlich haben sich die einzelnen Tiere aber nur an den Tieren orientiert, die direkt neben ihnen sind, und sind entsprechend geflogen oder geschwommen. Kein einzelnes Tier hat tatsächlich den Überblick über das Verhalten des ganzen Schwarms. Aber im Zusammenspiel aller erscheint es intelligent.

Für manche Forscher sind diese Beispiele aber nicht wirklich überzeugend. Ich gebe ihnen dabei sogar recht, denn bei wahrhaft intelligentem Verhalten muss so etwas wie eine neue Qualität entstehen. Ein tolles Beispiel dafür finden wir bei Ameisen. Forscher sprechen vom **Travelling-Salesman-Problem**, also dem Problem eines Geschäftsreisenden, der mehrere Kunden auf seiner Reise besuchen möchte und am Ende möglichst schnell wieder zu Hause sein will. Große Handelsfirmen, wie zum Beispiel Amazon, benutzen Computer, um die kürzeste und schnellste Route eines Lieferfahrzeuges zu berechnen.

Ameisen haben keine Computer und doch lösen sie ein vergleichbares Problem. Wie von Zauberhand finden sie die kürzeste Route zu einer Nahrungsquelle und zurück. Sie machen es wie Hänsel und Gretel. Auf ihrem Weg hinterlassen sie kleine Dufttröpfchen, und so können sie zurückfinden. Alle Ameisen tun das, und so entsteht eine Vielzahl von Duftspuren. Zwangsläufig ist eine Duftspur im Verhältnis zu allen anderen die kürzeste, und so kann es passieren, dass die Ameise mit der kürzesten Spur schon zweimal hin- und hergegangen ist, andere Ameisen sich aber noch auf dem Rückweg ihrer ersten Reise befinden.

Wenn nun eine Ameise auf dem kürzesten Weg hin- und herläuft und immer wieder den Weg markiert, so beginnt ihr Weg immer stärker zu duften. Nun kommt ein genialer Trick ins Spiel: Eine andere Ameise, die durch Zufall diesen stark markierten Weg kreuzt, wird ihren eigenen Weg verlassen, auf dem stärker duftenden Weg weitermarschieren und ihn zusätzlich markieren. Nach kurzer Zeit befinden sich fast alle Ameisen auf diesem Weg.

In diesem Schwarm hat der Hai kaum eine Chance.

Eine Ameisenstraße sieht einfach aus, doch wie sie sich optimal durch ein Territorium schlängelt, ist ein Meisterwerk der Logistik und ein tolles Beispiel für Schwarmintelligenz.

INFOKASTEN

Gibt es auch eine Schwarmintelligenz bei Menschen?

Die meisten Menschen bejahen diese Frage und verweisen auf die Fernsehsendung *Wer wird Millionär*. Die Publikumsfrage ist der beste Joker, denn so viele können sich ja nicht irren. Die Forscher nennen das übrigens Crowd Wisdom, also die Weisheit der Masse. Doch was ist mit diesen beiden Fragen:

- Ist Bier das Lieblingsgetränk der Deutschen? Ja/nein
- Ist Weimar die Geburtsstadt von Goethe? Ja/nein

Die meisten Menschen beantworten beide Fragen mit Ja, weil sie nicht wissen, dass Kaffee lieber getrunken wird als Bier und dass Goethe in Frankfurt geboren ist. Die Weisheit der Masse kommt schnell an ihre Grenzen. Die Forscher haben sich aber einen Trick einfallen lassen: Sie fragen zusätzlich, ob die meisten anderen so antworten werden, wie man selbst geantwortet hat. Jemand, der weiß, dass er etwas weiß, was die meisten nicht wissen, wird die zweite Frage mit Nein beantworten, denn er weiß ja, dass die anderen falschliegen. Wertet man nun die Antwort auf die erste Frage und die Ergänzungsfrage aus, dann kann man mit hoher Wahrscheinlichkeit voraussagen, dass die Minderheit recht hat und nicht die Masse.

Sei doch mal eine Ameise:

Nimm ein Blatt Papier und lege es quer vor dich. Auf der linken Seite ist der Start und auf der rechten Seite ist das Ziel. Nun male so viele Linien, wie du Mitspieler hast, auf das Blatt. Die Linien sollen alle unterschiedlich lang sein, dürfen sich aber kreuzen. Nun beginnt das Spiel, es geht reihum und jeder darf im Abstand von einem Zentimeter einen Punkt auf seine Linie setzen. Wer am Ziel (am Ende seiner Linie) angekommen ist, geht wieder zurück. Dieses Mal setzt jeder seine Punkte direkt neben die ersten Punkte auf der Linie. Wenn man allerdings eine Linie kreuzt, die in der Umgebung mehr Punkte hat als die eigene Linie, dann muss man seine Linie verlassen und auf der neuen Linie weiter Punkte setzen. Nach einigen Runden wirst du sehen, dass kaum noch Punkte auf die kürzeste Linie passen und dass ihr fast alle auf dieser Linie hin- und hergeht. So machen das auch die Ameisen.

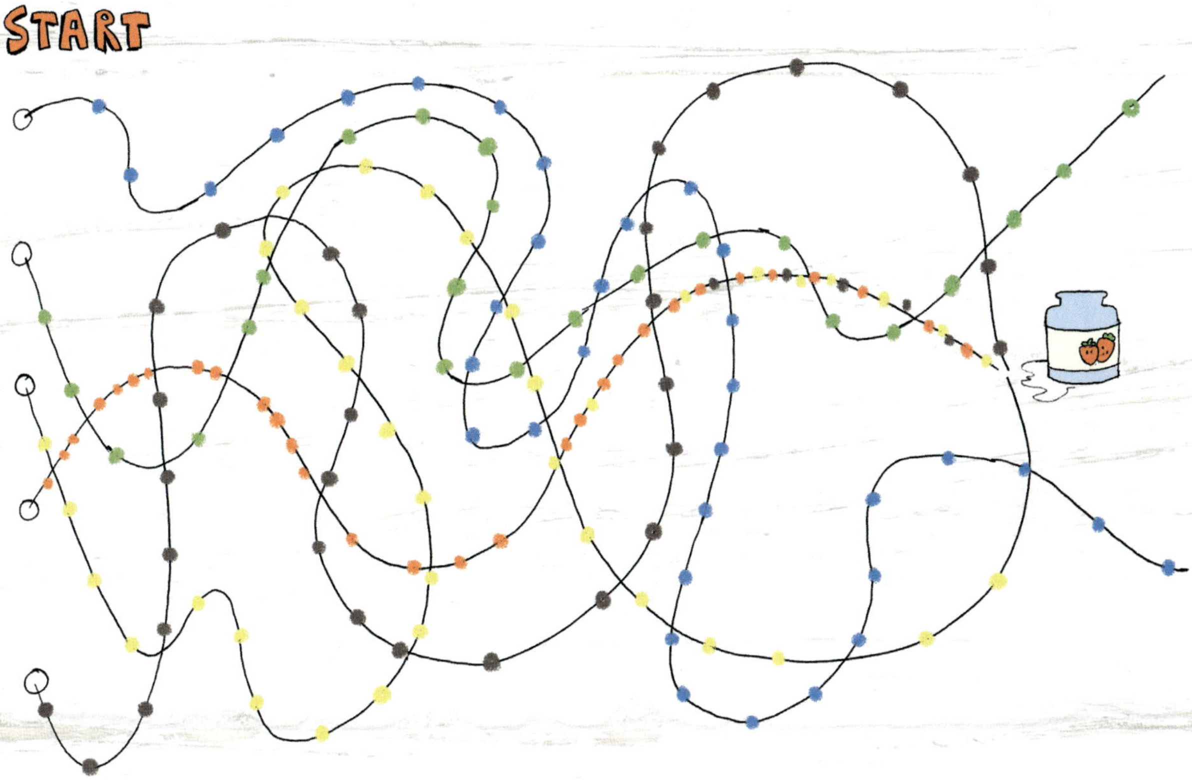

START

DÜRFEN WIR TIERE VERMENSCHLICHEN?

Unser Verhältnis zu und unser Bild von Tieren kann man nur verstehen, wenn man die Geschichte kennt.

STEINZEIT BIS MITTELALTER

Es gab eine Zeit, da hätten wir uns unter Naturschutz gestellt.

Vielleicht kannst du dich noch daran erinnern, dass die Neandertaler vor ca. 30.000 Jahren ausgestorben sind. 30.000 Jahre zuvor wäre es beinahe auch uns so ergangen. Genetiker haben berechnet, dass die Menschheit zu jener Zeit, also vor ca. 70.000 bis 60.000 Jahren, auf nur ca. 2.000 Individuen geschrumpft war.

Doch was war geschehen? Das Klima hatte sich verändert, es wurde kälter und die Eiskappen der Pole vergrößerten sich. Sie sammelten gigantische Mengen Feuchtigkeit aus der Luft und besonders am Äquator wurde es extrem trocken. Eingequetscht zwischen riesigen Wüsten im Süden und Eismassen im Norden, hatten unsere Vorfahren kaum noch Lebensraum. Als die Pole zu schmelzen begannen, entstand neues unbesiedeltes Land. Doch nicht nur unsere Vorfahren, auch große Pflanzenfresser wie Auerochsen, Wisente, Wildpferde und Hirsche hatten dort viel zu essen und lebten am Rande der Gletscher. Von ihnen wiederum ernährten sich große Raubtiere wie der Säbelzahntiger. Zwischen all diesen riesigen Tieren hatten unsere Vorfahren als Einzelne kaum eine Chance (Willst du wissen, warum die Eiszeittiere so groß waren? Dann schau mal unter **Bergmann-Regel** nach!). Vermutlich änderte aber eine kleine genetische Mutation ihr Sozialleben. Im Gegensatz zu anderen Menschenaffenarten ordnen wir uns eher der Gruppe unter und das macht uns **kooperativer**. Nach über 2 Millionen Jahren Stillstand in der Menschheitsgeschichte, in denen sich beispielsweise der Gebrauch von Steinwerkzeugen kaum änderte, begann nun der eigentliche Aufstieg zur dominierenden Art auf unserem Planeten.

Diese intensive Zusammenarbeit ermöglichte die strategische Jagd auf die großen Pflanzenfresser und Raubtiere und legte die Grundlage für die Entstehung unserer vielschichtigen Kultur. Auch unsere vielfältige Sprache ist ein Teil dieser Kultur.

40.000 Jahre später, also vor ca. 20.000 Jahren, hatten wir uns fast auf der ganzen Welt ausgebreitet. Von einer kleinen, fast ausgerotteten Unterart der **Trockennasenaffen** waren wir zu einem globalen Einflussfaktor geworden und wir hatten Freunde gefunden (siehe Infokasten *Die Domestizierung des Menschen* im nächsten Kapitel).

Zu dieser Zeit und bis vor ca. 10.000 Jahren, als wir mit dem Ackerbau begonnen haben, waren wir von der Jagd und dem Konsum von Fleisch abhängig. Ich glaube sogar, dass man sagen kann, dass es uns als Menschheit ohne diese Zeit der intensiven Jagd nicht gegeben hätte (siehe Infokasten *Steinzeitdiät*).

INFOKASTEN 1

Steinzeitdiät:

Tatsächlich machte diese Phase nur einen kleinen Teil der Menschheitsgeschichte aus (in zwei Millionen Jahren Menschheitsgeschichte wurde nur etwa 40.000 Jahre lang intensiv Fleisch gegessen, das betrifft also nur etwa 2 Prozent der Zeit). 98 Prozent unserer Zeit haben wir uns überwiegend von Nüssen, Früchten und anderen Pflanzen ernährt. Zu viel Fleisch kann sogar ungesund sein und so hat die **Weltgesundheitsorganisation** davor gewarnt, mehr als 300 g rotes Fleisch oder Wurst pro Woche zu essen. Darmkrebs, die zweithäufigste Krebserkrankung in Deutschland, wird hauptsächlich von übermäßigem Fleischkonsum hervorgerufen.

INFOKASTEN 2

Megaherbivoren-Theorie und **Overkill-Hypothese**

Beide Theorien sind, wie der Name schon sagt, noch nicht bewiesen, sondern werden von den Wissenschaftlern diskutiert. Sie erklären allerdings viele Beobachtungen sehr gut und ich persönlich halte sie für ausgesprochen überzeugend.

Bis vor Kurzem ging man davon aus, dass die natürliche Vegetation in Deutschland der Buchenwald war und dass sich dieser riesige Wald über viele Länder Europas erstreckte. Die **Megaherbivoren-Theorie** sieht diesen Wald durchbrochen von Grasland, denn die großen Pflanzenfresser, die sich nach der letzten Eiszeit weit verbreitet hatten, hielten die Grasflächen durch Beweidung frei.

Diese großen Tiere, aber auch deren Räuber sind innerhalb weniger Jahrtausende verschwunden. Vor ca. 10.000 Jahren gab es kaum noch Vertreter dieser eiszeitlichen **Megafauna**. Die **Overkill-Hypothese** geht davon aus, dass wir Menschen alle Tiere aufgegessen haben. Wir waren überall, wo die Tiere in kurzer Zeit ausgestorben sind. Die Waffen unserer Vorfahren sowie ihr kluges kooperatives Handeln machte die Ausrottung möglich. Unsere menschliche Zivilisation ist also vermutlich nicht nur für das aktuelle dramatische Artensterben, sondern auch für das Artensterben in der Steinzeit verantwortlich.

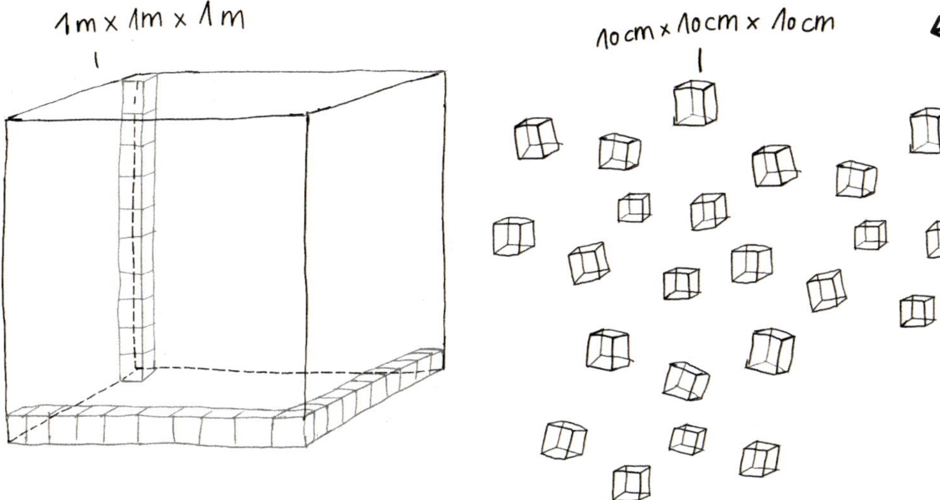

Ein Körper mit 1 m x 1 m x 1 m hat eine Oberfläche von 6 m^2. Teilen wir diesen Körper in 1000 kleine Körper von 10 cm x 10 cm x 10 cm, ergibt sich eine Fläche von 1000 x 0,06 m^2 = 60 m^2. Die Oberfläche ist dann also 10-mal größer und es geht bei gleicher Isolierung 10-mal mehr Energie über die Oberfläche weg. Darum ist es besser groß zu sein, wenn es kalt ist.

So in etwa könnte die typische Landschaft unserer Vorfahren vor ca. 30.000 Jahren ausgesehen haben. Grasflächen wurden von großen Weidegängern frei gehalten. Für viele Menschen entspricht dies einer idealen Landschaft, sie ist nicht zu dicht bewachsen, sodass man sich gut orientieren kann, bietet aber genügend Versteckmöglichkeiten. Wir mögen das, weil es uns früher nützlich war.

Die ursprüngliche Verbreitung der Buchenwälder in Europa

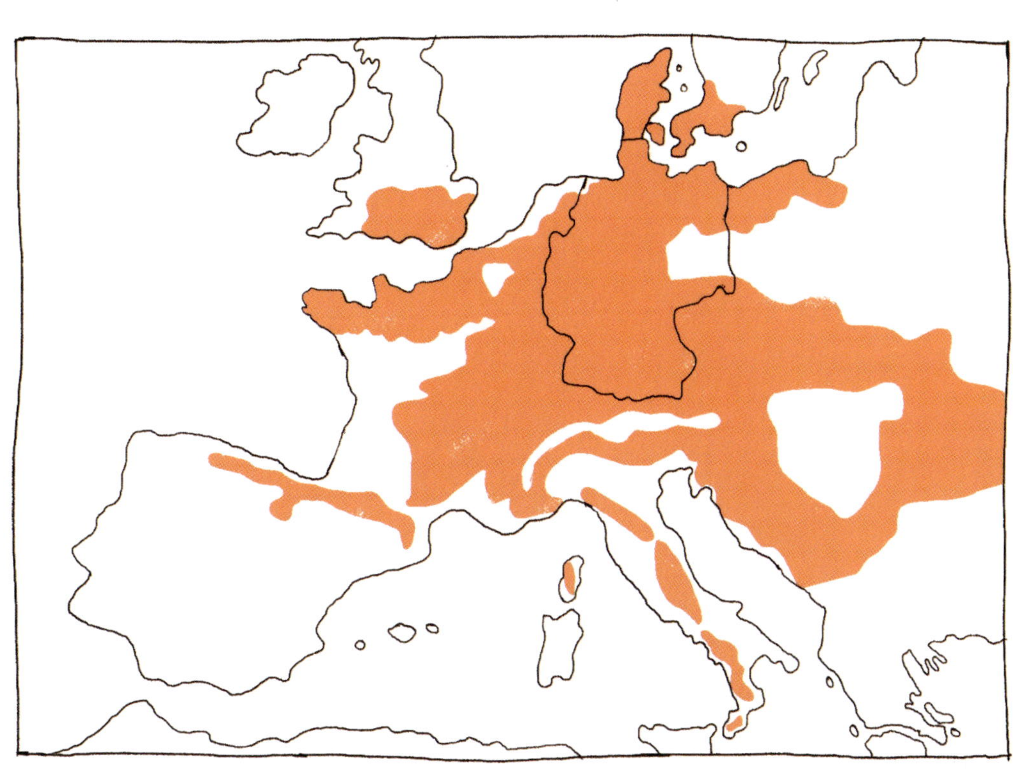

MITTELALTER BIS AUFKLÄRUNG

1.000 Jahre Irrsinn

Bis vor ca. 1.000 Jahren hatten die Menschen keine Vorstellung davon, was sie mit ihrer intensiven Jagd anrichteten. Bis zu dieser Zeit durfte jeder, der jagen konnte, in den Wald gehen und Tiere erschießen. Doch irgendwann stellte man fest, dass es immer weniger Tiere zum Schießen gab, und so wurde die Jagd verboten. Natürlich wurde sie nicht ganz verboten, aber es durften nur noch die Fürsten und Könige auf ihren Ländereien jagen, alles andere nannte man Wilderei und diese wurde streng bestraft.

Zu dieser Zeit hatte sich das Zusammenleben zwischen Menschen und Tieren aber schon grundsätzlich geändert. Über Generationen hatten wir Wildtiere so gezüchtet, dass wir gut mit ihnen zusammenleben konnten. So waren wir nicht mehr direkt auf die Jagd von Wildtieren angewiesen. Die Bauern nutzten ihre Tiere als Fleisch- und Milchproduzenten oder als Arbeitstiere auf dem Feld oder vor der Kutsche. Wenn man so nah zusammenlebt, passieren natürlich auch Unfälle und Menschen werden verletzt oder getötet. In solchen Fällen suchte man einen Schuldigen und fand diesen oft in Form eines Tieres. Damals wurden die Tiere dann vor Gericht gestellt und verurteilt. So etwas kann man sich natürlich heute kaum noch vorstellen.

Diese Praxis änderte sich erst im Zeitalter der Aufklärung, also etwa ab dem Jahr 1700, als das **rationale Denken** zum einflussreichen Faktor des menschlichen Handelns wurde. Damals unterschied man klar zwischen rational handelnden Menschen und instinktgetriebenen Tieren. Tierprozesse waren damit vorbei, denn man konnte Tieren ja kein bewusstes oder böswilliges Handeln mehr unterstellen. Doch der Abstand zwischen Tier und Mensch wuchs und der Mensch hielt sich immer mehr für die Krone der Schöpfung.

INFOKASTEN

Die **Domestizierung** des Menschen

Viele Menschen glauben, dass unsere Vorfahren Wölfe domestiziert haben und dass daraus unsere heutigen Hunde gezüchtet wurden. Es gibt aber auch Wissenschaftler, die einen gegenteiligen Standpunkt vertreten. Man kann nämlich genauso argumentieren, dass die Wölfe uns domestiziert haben. Tatsächlich ist es denkbar, dass die Wölfe sich die Menschen gesucht haben. Die Menschen, die die Nähe von Wölfen akzeptiert haben, hatten schließlich Vorteile von diesem Zusammenleben. Ihre Lager wurden gut bewacht und sie hatten Unterstützung bei der Jagd. Dieser Vorteil führte dazu, dass diese Menschen mehr Nachkommen hatten als jene, die ohne Wölfe lebten. In der Wissenschaft spricht man von Selektion oder Zucht. Folgt man diesem Gedanken, dann haben die Wölfe sich Menschen gezüchtet, die gerne mit ihnen zusammenleben. Ich weiß, das klingt ein bisschen absurd, aber es ist genauso logisch wie der umgekehrte Fall. Mit großer Wahrscheinlichkeit ist die Domestizierung des Wolfes oder eben die des Menschen durch den Wolf kein bewusster Prozess gewesen, keiner hatte das geplant. Vermutlich ist die Annäherung der beiden Arten irgendwann einfach so passiert und beide Arten hatten Vorteile vom Zusammenleben und haben sich daher aufeinander eingestellt.

BREHMS TIERLEBEN

Der König der Vermenschlichung von Tieren

Das erfolgreichste Biologiebuch aller Zeiten war und ist *Brehms Tierleben*. Ab 1870 verbreiteten sich Alfred Brehms Vorstellungen über Tiere auf der ganzen Welt und ich glaube sogar, dass die Menschen damals ein viel besseres Bild von Tieren hatten als die meisten Menschen heute.

Anders als **Brehms Vater**, der auch Zoologe war, und **Alexander von Humboldt** oder **Charles Darwin** interessierte sich Alfred Brehm für lebende Tiere. Die Wissenschaftler seiner Zeit waren hauptsächlich Sammler, sie töteten, sie stopften aus, spießten auf, beschrieben und archivierten die Tierwelt unseres Planeten in riesigen Sammlungen und schufen damit die Grundlage für das Verständnis der **Evolution**. Diese Art der Forschung war damals modern und von großer Bedeutung, denn sie erklärte die Natur aus sich heraus und ohne eine gottgegebene Ordnung.

Auch Alfred Brehm konnte sich dieser wissenschaftlichen Strömung seiner Zeit nicht entziehen. Doch er wollte mehr. In seinen Büchern und Aufsätzen versuchte er, alles Wissen über Tiere zusammenzutragen. Er reiste viel, las alte Schriften und moderne Forschungsberichte, aber er beobachtete auch sehr genau die lebenden Tiere. Diese Beobachtungen und die Art und Weise, wie er Tiere beschrieb, machten ihn erfolgreich. Seine Tiere fühlten und dachten wie Menschen und seine vielschichtigen Beschreibungen von Säugetieren, die auch heute

kaum jemand glauben würde, waren doch richtig. Damit traf er den Zeitgeist und vermittelte ein gutes Verständnis der Tierwelt. Seine Art, zu vermenschlichen, war aber tatsächlich nicht wissenschaftlich, und so lag er genauso oft falsch, wie er richtiglag. Schlangen beschrieb er beispielsweise als heimtückisch und große Raubvögel wie Adler waren für ihn von Grund auf böse. Tiere, die Menschen oder seinen geliebten Singvögeln gefährlich werden konnten, wurden zur Ausrottung freigegeben.

INFOKASTEN

Alfred Brehm war Biologe und lebte von 1829 bis 1884.
Er war einer der erfolgreichsten Schriftsteller weltweit. Vor 100 Jahren stand *Brehms Tierleben* in jedem bürgerlichen Bücherregal direkt neben dem Duden und dem Brockhaus-Lexikon. Er wurde berühmt durch seine Reisen nach Afrika und seine Reiseberichte, die er in dem damals bekanntesten Wochenmagazin *Die Gartenlaube* veröffentlichte. Später wurde er Zoodirektor in Hamburg und Berlin.

DER KLUGE HANS

Es war zu schön, um wahr zu sein.

Vor ungefähr 120 Jahren, also um das Jahr 1900 herum, glaubten viele Menschen an intelligente Tiere. Auf Jahrmärkten traten Tiere auf, die rechnen, lesen und schreiben konnten. Eines dieser Tiere war der Kluge Hans. Er war ein Pferd und gehörte dem Mathematiklehrer **Wilhelm von Osten**. Die meisten klugen Tiere entpuppten sich als Schwindel, denn in irgendeiner Form gaben ihre Trainer unauffällige Signale, sodass die Tiere das Richtige im richtigen Moment taten. Doch mit dem Klugen Hans war es etwas anderes. Selbst wenn sein Trainer nicht anwesend war und jemand anders die Fragen stellte, konnte der Kluge Hans richtig antworten. So klopfte er beispielsweise 13-mal mit dem Huf auf, wenn er die Frage bekam: Wie viele Männer in diesem Raum tragen Hüte? Solche und ähnliche Fragen konnte er ohne Probleme beantworten und wurde so berühmt, dass seine Leistungen von einer Untersuchungskommission der Preußischen Akademie der Wissenschaften bestätigt werden sollten. Tatsächlich war diese Kommission fast so weit, dem Pferd menschenähnliche Intelligenz zu attestieren. Doch kurz vor Abschluss der Untersuchung führte ein Student ein weiteres Experiment durch. Er verband dem Tier die Augen und plötzlich konnte der Kluge Hans noch nicht einmal 2 + 2 rechnen.

Damals ging ein Schock durch die Welt der Wissenschaft. Beinahe hätte man einen folgenschweren Fehler begangen und ein Tier für klüger gehalten, als es war. Es dauerte über 30 Jahre, bis die ersten Forscher wieder wagten, Experimente über die Intelligenz bei Tieren zu veröffentlichen. Dieser Schock ebnete auch den Weg für ein neues wissenschaftliches Konzept, den **Behaviorismus** (siehe nächstes Kapitel).

INFOKASTEN

Im Licht der heutigen Wissenschaft sieht die Leistung des Klugen Hans wieder beeindruckend aus. Das Pferd muss die Fähigkeit gehabt haben, kleinste Signale richtig zu interpretieren. Derzeit sind sich die Wissenschaftler aber noch nicht sicher, wie er das gemacht hat. Hat der Kluge Hans im Laufe seines Lebens so viele Erfahrungen mit Menschen gemacht, dass er sich jede noch so kleine Regung gemerkt hat und diese dann auch auf fremde Menschen übertragen konnte? In diesem Fall hätte er ein schier unglaublich gutes Gedächtnis haben müssen. Es gibt aber auch noch eine andere Erklärung. Vielleicht hat sich der Kluge Hans in die Menschen hineingedacht und -gefühlt. Die Fähigkeit, die Gedanken und Gefühle von anderen im eigenen Kopf zu simulieren, gilt als die Königsdisziplin der geistigen Entwicklung, man nennt sie auch **Theory of Mind**. Aus meiner Sicht haben die Forscher damals nur nicht erkannt, wie klug der Kluge Hans eigentlich war.

Sei der Kluge Hans!

Für dieses Experiment müsst ihr zu zweit sein. Einer ist der Kluge Hans und der andere denkt sich eine Zahl von 1 bis 20 aus. Die Zahl schreibt er auf einen Zettel und legt ihn verdeckt ab. Nun muss der Kluge Hans, ohne den Zettel zu kennen, raten, um welche Zahl es sich handelt. Dazu klopft er mit der flachen Hand so lange auf den Tisch, bis er glaubt, dass er die richtige Zahl erraten hat. Danach könnt ihr sehr gut beurteilen, welche großartige Leistung der Kluge Hans vollbracht hat!

Achtung: Wenn ihr das Experiment macht, dürft ihr natürlich keine Augenbinde tragen, denn ihr sollt ja bei eurem Gegenüber sehen, ob ihr richtig geraten habt oder nicht. Mit Augenklappe können weder der Kluge Hans noch ihr etwas herausfinden.

„VERHALTENISMUS“

Ein unmögliches Wort, das es im Deutschen gar nicht gibt. Auf Englisch heißt es **Behaviorism.**

Kannst du dir vorstellen, dass sich Forscher für schwarze Kisten interessieren? Ganz so einfach ist es zwar nicht, aber die Lehre, man könnte auch sagen, der Wissenschaftsstil des **Behaviorismus** beschäftigt sich tatsächlich mit einer schwarzen Kiste, der sogenannten *Blackbox*.

Diese Blackbox war das Tier, das erforscht wird. Vielleicht weißt du schon, dass eine Blackbox etwas ist, in das man nicht hineinsehen kann. Es ist etwas, das man nicht versteht. Fragst du dich jetzt, was die Forscher denn eigentlich erforschen wollten, wenn das Tier für sie eine Blackbox war? Das Ganze ist ein bisschen schwer zu verstehen und doch eine sehr kluge Idee. Durch die Erfahrung mit dem Klugen Hans haben sich die Forscher gedacht, dass es besser ist, nicht über das Innenleben wie die Gedanken oder die Gefühle von Tieren zu spekulieren. Man kann ja einem Tier beim Denken nicht zusehen und man kann sich auch nicht mit ihm unterhalten und nachfragen. Daher hat sich der Behaviorismus ausschließlich damit befasst, welche Reize ein Tier von außen bekommt und mit welchem Verhalten es darauf reagiert. Das, was das Tier dazu gebracht hat, also seine eigene innere Welt, wurde ignoriert. Im Behaviorismus geht man davon aus, dass jede Reaktion auf Grundlage einer durch Konditionierung (siehe Experiment) entstandenen Erfahrung erfolgt.

Tiere wurden durch diese Betrachtungsweise zu so etwas wie Bio-Robotern, die man durch Erfahrung programmierte und die dann auf bestimmte Reize immer gleich reagierten. Auch wenn es heute ein bisschen absurd klingt – aber der Behaviorismus war in den vergangenen 100 Jahren weltweit verbreitet und Forscher waren stolz darauf, ihre Experimente nach seinen strengen Regeln durchzuführen.

Heute können wir tatsächlich Tieren in den Kopf blicken und ihnen beim Denken zusehen. Bildgebende Verfahren wie die MRT (**Magnetresonanztomografie**) machen es möglich. Wir können durch kluge Experimente feststellen, zu welchen unterschiedlichen Fähigkeiten Tiere beim Denken fähig sind.

Doch auch zur Blütezeit des Behaviorismus gab es kritische Stimmen, wie wir auf der nächsten Seite erfahren werden.

INFOKASTEN

Die **Skinner-Box** ist ein Kasten, in dem man mit Tieren Experimente macht. Der Kasten soll möglichst reizarm sein. Damit meinen die Wissenschaftler, dass es in dem Kasten keine natürlichen Ablenkungen geben soll. Dann kann man ungestörte Experimente machen. Wenn ein Tier richtig antwortet, bekommt es etwas zu fressen, wenn ein Tier falsch antwortet, bekommt es einen elektrischen Schlag. Damit die Tiere zusätzlich motiviert sind, für ihr Essen zu arbeiten, müssen sie vorher so lange hungern, bis sie 25 Prozent, also ein Viertel ihrer Körpermasse, verloren haben. In meinem Fall wären das ca. 15–20 kg und ich würde aussehen wie ein Skelett.

DIE INSTINKTTHEORIE

Das habe ich instinktiv gemacht

Noch vor Kurzem unterschied man ganz klar zwischen dem instinktgesteuerten Tier und dem rational denkenden Menschen. In unserer Alltagssprache verwenden wir den Begriff *Instinkt* auch für uns: „Ach, das habe ich instinktiv gemacht.“ Wir meinen damit, dass wir nicht darüber nachgedacht haben. Wir haben es getan und es hat funktioniert oder eben nicht, basta. Auch für Psychologen spielt der Instinkt eine große Rolle, denn so kann man Dinge erklären, die mit rationalem Verhalten nichts zu tun haben. Doch obwohl wir so viel über den Instinkt bei Menschen und Tieren reden, gibt es ihn nicht. Die Forscher haben den Instinkt jahrzehntelang gesucht, aber nicht gefunden. Stattdessen erklären wir heute das Verhalten von Menschen und Tieren durch Denken und Fühlen.

Die beiden berühmten Verhaltensbiologen **Konrad Lorenz** und **Nico Tinbergen** hatten von Anfang an das Gefühl, dass man mit dem Behaviorismus nicht alles erklären kann. Ihnen war aufgefallen, dass es auch andere Lernmöglichkeiten gibt. Konrad Lorenz entdeckte zum Beispiel die Prägung bei Wildgänsen (siehe Experiment). Nico Tinbergen meinte, dass Tiere ein Innenleben haben müssen, denn anders könne man nicht erklären, warum ein Hund, der eine Schale mit Wasser hingestellt bekommt, mal trinkt und mal nicht trinkt. Der innere Faktor ist dabei natürlich der Durst. Für dich klingt das logisch, doch über diesen Punkt haben sich kluge Forscher jahrzehntelang gestritten.

Beide Forscher versuchten, eine Instinkttheorie aufzustellen und so ein Gegengewicht zum Behaviorismus zu schaffen.

Dies gelang ihnen nicht, aber sie gelten heute als die Mitbegründer der vergleichenden Verhaltensbiologie. Viele Beispiele in meinen Büchern stammen aus diesem noch heute aktuellen Forschungsbereich.

Gänse ließen Konrad Lorenz am Behaviorismus zweifeln.

Bei der Prägung handelt es sich um eine ganz besondere Form des Lernens. Im Gegensatz zu der Konditionierung, die man auch wieder verlernen kann, bleibt eine Prägung bestehen. Konrad Lorenz hatte die Vermutung, dass Gänseküken das Erste, was sie nach dem Schlüpfen aus dem Ei sehen, für ihre Mutter halten. Sein Experiment war so einfach wie genial. Er brütete einfach die Eier aus. Das Erste, was die kleinen Vögel nach dem Schlüpfen sahen, war ein älterer Mann mit Bart, den sie fortan für ihre Mutter hielten. Man konnte ihnen danach unzählige echte Gänsemütter präsentieren – um nichts in der Welt ließen sie sich von dem Mann mit Bart abbringen. So folgten sie ihm auf Schritt und Tritt. Leider kannst du dieses Experiment nicht so einfach nachmachen, denn eine solche falsche Prägung hätte für die jungen Vögel schlimme Folgen, wie du dir sicher denken kannst. Aber vielleicht siehst du dir einmal einen der beiden Filme (*Amy und die Wildgänse* oder *Der Junge und die Wildgänse*) an.

Einige Menschen haben jungen Wildgänsen die Richtung mit Ultraleichtflugzeugen gewiesen. Die jungen Gänse hatten ihre Eltern verloren und hätten alleine den Weg in den Süden nicht gefunden.

UNSER BILD VOM TIER HEUTE

Menschen sind auch nur Tiere oder Tiere sind auch nur Menschen.

Abgesehen von Menschen, die aufgrund ihrer Religion die Evolution ablehnen, akzeptiert heute jeder, dass wir Menschen uns aus dem Tierreich heraus entwickelt haben. Genau genommen sind wir eine Tierart unter unzähligen unterschiedlichen Tierarten. Obwohl wir aus biologischer Sicht nichts Besonderes sind, denken wir gerne, dass der Mensch die Krönung der Schöpfung ist. In unserer Wahrnehmung sind die Menschen extrem hoch entwickelt, dann kommt lange nichts und dann kommen die Primaten, Elefanten und Delfine und irgendwann folgt der Rest der Tiere. Doch diese Einstellung ist veraltet. Sie stammt aus einer Zeit, in der man den Tieren noch Instinkt zuschrieb.

Heute wissen wir, dass Tiere auf genau die gleiche Art und Weise gesteuert werden wie wir Menschen, nämlich durch Denken und Fühlen. Denken und Fühlen ist viel älter als die Menschheit. Vermutlich empfinden sich viele Tiere ganz ähnlich wie wir uns. Aber natürlich muss man ganz genau unterscheiden, welches Tier welche Fähigkeiten hat. Viele Tierarten können beispielsweise logisch denken. Daher wäre es völlig unlogisch zu denken, dass ihr logisches Denken anders wäre als unser logisches Denken. In diesem Fall können wir davon ausgehen, dass es sich für das Tier genauso „anfühlt“ wie für uns. Ganz ähnlich verhält es sich mit vielen Gefühlen (siehe Beispiel im Infokasten). Schließlich haben Gefühle schon Verhalten gesteuert, als es noch gar keine Menschen gab. Wenn wir also bestimmte Dinge empfinden, die uns dazu bringen, das eine oder das andere zu tun, dann folgen wir uralten Mechanismen, die im Verlauf der Evolution entstanden sind. Etwas anderes ist es aber, wenn wir über unser logisches Denken oder über unsere Gefühle nachdenken. Diese Fähigkeit (siehe Kapitel *Vom Denken über das Denken* auf Seite 108) haben nicht ganz so viele Tierarten. Natürlich dürfen wir nur Tiere mit uns vergleichen, die diese Fähigkeit ebenfalls haben.

Meist denken wir aber gar nicht darüber nach und handeln so, wie es unser Denken und Fühlen vorgibt. In diesen Momenten empfinden wir vermutlich wieder genau so wie die meisten anderen Tiere.

INFOKASTEN

Komische Gefühle: Wenn wir uns beispielsweise einsam und alleine fühlen, dann will uns dieses unangenehme Gefühl dazu bringen, uns mit anderen Menschen zu befreunden. Wenn wir dann trotzdem abgelehnt werden, fühlt es sich noch schrecklicher an. Dieses Gefühl ist so schlimm, weil es für sozial lebende Tiere lebensnotwendig ist, Teil einer Gemeinschaft zu sein. Die schlechten Gefühle sollen uns dazu treiben, uns noch mehr anzustrengen, um endlich wieder dazuzugehören. Für uns Menschen gilt dies nicht mehr hundertprozentig, denn wir haben das Geld erfunden und können uns soziale Gefälligkeiten oder sogar Freunde einfach kaufen. Wenn wir genügend Geld hätten, könnten wir das unser ganzes Leben lang tun. Aber würde es uns wirklich glücklich machen? Auf Dauer vermutlich nicht, denn wir würden uns immer noch alleine fühlen.

FORMT DIE SPRACHE DAS DENKEN?

Der Reichtum der Vielfalt

Du erinnerst dich sicher noch an das Kapitel *Was war zuerst da, die Sprache oder das Denken?* Dann weißt du, dass Gedanken lange vor dem Entstehen einer Sprache gedacht werden. Doch kannst du dir vorstellen, dass Sprache trotzdem das Denken formt? Wenn du eine Fremdsprache richtig gut sprichst, stellst du fest, dass eine fremde Sprache nicht nur aus **Vokabeln** und Grammatikregeln besteht. Sie steht auch für eine bestimmte Kultur und Mentalität.

Die Sprachwissenschaftlerin Lera Boroditsky sagt, dass die Menschheit nicht nur eine Art, sondern 7.000 Arten zu denken entwickelt hat. Sie will damit sagen, dass jede Sprache (wir kennen ungefähr 7.000) eine eigene Gedankenwelt hervorgebracht hat. Sie argumentiert gerne mit dem Orientierungssinn der Kuuk Thaayorre Aborigines in Australien. Diese kennen nämlich die Begriffe „links" und „rechts" nicht. Sie brauchen diese Worte nicht, denn selbst fünfjährige Kinder kennen immer und überall und in jeder Umgebung die Himmelsrichtung und geben diese statt links und rechts an. Zur Begrüßung sagt man auch nicht „hallo", sondern aus welcher Richtung man kommt und in welche Richtung man geht. Mach doch mal unser Experiment 1.

Mit Gefühlen ist es ganz ähnlich: Im Englischen gibt es beispielsweise keinen Begriff für **Fremdschämen**. Es muss umständlich beschrieben werden, dass man sich für das Verhalten eines anderen schämt. Vielleicht war es dir schon mal peinlich, dass dir deine Eltern vor deinen Freunden ein Küsschen gegeben haben. Du hast dich dann für deine Eltern fremdgeschämt. Was natürlich Quatsch ist, denn warum sollte man sich nicht knutschen dürfen?

Manchmal kann Sprache sogar sehr gefährlich sein und unser Denken negativ beeinflussen, wie wir im nächsten Kapitel sehen werden.

INFOKASTEN

Personhood

Das Wort Personhood kommt aus dem Englischen und meint, dass irgendjemand oder irgendetwas eine Person ist. Wir können den Begriff zwar mit Personenhaft übersetzen, aber ich kenne niemanden, der das sagt. In unserer Sprache sind Menschen und Personen praktisch identisch. Damit schließen wir im Deutschen aus, dass auch Tiere Personen sein können.

EXPERIMENT 1

Schau mal bitte über die Mitte unseres Buches und benenne die genaue Richtung, also zum Beispiel SSO (für Südsüdost). Mit ein bisschen Glück sitzt du zu Hause und kennst die Richtung, aber stell dir vor, du müsstest immer und überall wissen, wo welche Richtung ist.

Hallo, ich komme aus SSW und gehe nach Norden, und du?

Ähhh, ich habe meinen Kompass vergessen ...

EXPERIMENT 2

Das grammatikalische Geschlecht eines Gegenstandes lässt uns den Gegenstand eher männlich oder weiblich beschreiben. In Spanien haben die Sonne oder die Brücke ein männliches Geschlecht (also der (el) Sonne oder der (el) Brücke), wohingegen der Mond die (la) Mond heißt. Denk dir ein paar männliche und weibliche Substantive aus und bilde dann mit deinen Freunden zwei Gruppen. Die eine Gruppe bekommt Substantive mit den richtigen Artikeln, aber bei der anderen Gruppe vertauschst du die und der. Danach sollen beide Gruppen die Gegenstände beschreiben. „Die Brücke" wird dann oft mit als weiblich geltenden Eigenschaften wie „sie verbindet ..." beschrieben, aber „der Brücke" wird oft mit als männlich geltenden Eigenschaften, also „stark und lang", beschrieben. Unsere Sprache formt also die Art und Weise, wie wir über etwas denken.

DIE MACHT DER SPRACHE

Unser altes Tierbild war schon praktisch für uns.

Was denkst du über die folgenden Beispiele: Wir Menschen haben eine Bevölkerung, Tiere haben eine **Population**. Wir Menschen bewohnen ein Gebiet, Tiere kommen in einem Gebiet vor. Wir Menschen essen, Tiere fressen. Wir Menschen haben eine Kultur, alles andere ist Natur. Wir Menschen haben ein Familienleben und Tiere betreiben Brutpflege. Wir Menschen gebären unsere Babys, Tiere werfen Frischlinge oder Kälber. Das weidwund geschossene Reh blutet nicht, es schweißt, und der Bluthund heißt Schweißhund. Schlachtvieh kann man töten. Und wohinein wird lieber gebissen? In die Innenseite eines Oberschenkels oder in einen saftigen Schinken?

Sprache macht etwas mit uns: Sie hat die Macht, unser Handeln zu beeinflussen. Wenn wir jemanden mit einer Bemerkung abwerten, fällt es uns danach leichter, ihn schlecht zu behandeln. Im Umgang mit Tieren ist es genauso. Viele Menschen finden es völlig in Ordnung, Nutztiere auszunutzen, denn es sind ja „nur“ Nutztiere. Wozu sind sie denn sonst da?

Selbst rational denkende Forscher können sich von diesem Selbstbetrug nicht befreien. Sie sprechen beispielsweise nicht von ihrem Versuchstier, der Maus, sondern von dem Mausmodell, und meinen damit, dass es ja keine lebendige Maus ist, die sie untersuchen, sondern nur ein Modell, das stellvertretend für uns Menschen genutzt wird.

Die Psychologie nennt solche Beispiele Opferabwertung.

INFOKASTEN
Gesetzgebung
Für Tiere ist es lebenswichtig, wie wir über sie denken und reden. Unsere aktuelle Gesetzgebung und auch die ergänzenden wissenschaftlichen Gutachten basieren auf einem überholten behavioristischen Weltbild. Wir müssen dringend unsere Sprache und unsere Gesetzgebung ändern!
SOLLTE ICH MICH GEIRRT HABEN?

Es geht auch umgekehrt:

Unter dem Titel „Vermenschlichung schafft Wohlergehen für Tiere“ veröffentlichten einige Forscher aus Texas ein beeindruckendes Experiment. Wenn du möchtest, wiederhole es doch!

Denk dir einfach eine Geschichte über Tiere aus. Es könnte zum Beispiel die Geschichte eines kleinen Meerschweinchens sein. Es wird geboren und hat drei Geschwister, doch eines Tages passiert ein Unglück und es verliert seine Familie, es erlebt einige Abenteuer und findet am Ende zu seiner Familie zurück. Wichtig ist, dass du diese Geschichte zweimal aufschreibst. Einmal wird sie erzählt wie in einem Kinderbuch und du vermenschlichst die Tiere. Sie werden also geboren, haben Freunde, einen Lieblingsbruder und mögen besonders gerne Marmelade. Beim zweiten Mal erzählst du dieselbe Geschichte, aber du verwendest nüchterne, wissenschaftlich klingende Begriffe wie z. B.: das Muttertier wirft, es wird nicht gegessen, sondern gefressen, und es gibt auch keine Freunde, sondern nur Artgenossen. Nun brauchst du zwei Gruppen von Lesern. Die eine bekommt die vermenschlichte Geschichte und die andere die nüchterne wissenschaftliche Beschreibung. Im Anschluss fragst du deine Leser, wie viele Stunden sie umsonst und freiwillig in einem Tierheim helfen würden. Obwohl du die Geschichten rein zufällig verteilt hast, wirst du vermutlich feststellen, dass die meisten Leser der vermenschlichten Geschichte länger ohne Bezahlung im Tierheim helfen würden.

Ihr Schicksal liegt in unseren Händen.

MIT TIEREN SPRECHEN

Das Wichtigste bei einer Verständigung ist der Dialog.

DER KONTEXTTRICK

Die Situation bestimmt den Inhalt.

Oft denke ich, wie schön es wohl wäre, wenn wir einfach unser Handy zücken und auf die App „Tierübersetzer“ klicken könnten. Wir könnten dann unserem geliebten Vierbeiner einfach eine Frage stellen. Die App würde dann auf eine ganz bestimmte Art und Weise bellen oder miau machen und uns die Antwort ins Deutsche übersetzen. Ein schöner Traum, der vermutlich nie in Erfüllung gehen wird. Dennoch gibt es seit einiger Zeit Hinweise darauf, dass die Kommunikation von Tieren viel komplizierter sein könnte als gedacht. Besonders gilt das für Tiere, die keine neuen Laute lernen können.

Tiere, die neue Rufe lernen können, könnten theoretisch sogar eine Sprache haben. Tiere, die immer das Gleiche rufen, wie zum Beispiel wau, wau, miau oder iah, können das nicht. Sie können nur mit den Lauten arbeiten, die ihnen die Genetik in die Wiege gelegt hat.

Der Schwarzstirn-Springaffe mit seinen zwei Alarmrufen ist so ein Tier, wie du ja schon weißt. Er hat einen Alarmruf für Feinde aus der Luft und einen Alarmruf für Feinde am Boden. Die Forscher nennen sie einfach A- und B-Rufe. Es kommt aber auch vor, dass ein Greifvogel am Boden und eine Katze auf dem Baum sitzt. In diesem Fall werden die Rufe miteinander kombiniert. Somit kann nicht nur gesagt werden, wer kommt, sondern auch, wo die Bedrohung lauert. Eine echt geniale Idee, wenn man mit nur zwei Rufen klarkommen muss. Doch es gibt ein Problem: Die kleinen Äffchen machen ständig ihre B-Rufe. Das ist natürlich für einen Alarmruf ziemlich unpraktisch. Zur Überraschung der Forscher gehen die Tiere auch nicht bei jedem

Ruf sofort in Deckung. Hier musste es also irgendeinen Trick geben, den die Forscher übersehen hatten. Sie untersuchten daraufhin die Rufe sehr genau mit ihren Computern und stellten fest, dass die B-Rufe in unterschiedlichen Zusammenhängen tatsächlich ein ganz kleines bisschen unterschiedlich klangen. Für uns Menschen ist das absolut nicht wahrzunehmen.

Ich wäre nicht überrascht, wenn es noch viel mehr Tiere geben würde, bei denen eine genaue Analyse zeigt, dass die typischen Rufe eben doch ein bisschen unterschiedlich sind und je nach Situation etwas anderes bedeuten.

Mein Tipp ist daher folgender: Achtet genau auf die Situation, in der sich das Tier befindet. Es könnte ganz unterschiedliche Dinge meinen, auch wenn es für dich genauso klingt wie immer.

Zwei Vertreter aus der Unterfamilie der Springaffen. Was haben sie sich wohl zu sagen?

Denise Herzing und ihr **Babelfisch**

Ich wünschte, du könntest dieses Experiment machen. Aber um ehrlich zu sein: Ich wünsche mir auch, dieses Experiment zu machen. Denise Herzing ist eine amerikanische Forscherin, die sich für die Kommunikation von wilden Delfinen interessiert. Für uns Menschen sind die Pfeif- und Klicklaute von Delfinen viel zu schnell, um sie zu verstehen. Darum nutzt die Forscherin einen Übersetzungscomputer, der genauso funktioniert wie ein Computer zur Spracherkennung. Zusätzlich kann er aber auch bestimmte Begriffe in einen Delfinpfiff verwandeln. Seit einigen Jahren fährt Denise Herzing jeden Sommer in die Gewässer um die Bahamas und besucht dort die Delfine. Diese kennen schon ihr Boot und wissen, dass es nicht gefährlich für sie ist. Oft schwimmen sie zu der Forscherin und unterhalten sich mit ihr. Allerdings sind die Ergebnisse noch nicht veröffentlicht und so dürfen wir gespannt sein, was dabei herauskommt.

Kein normaler Delfin würde sich so verhalten.
So kann man sich nicht verstehen, das ist reine Show.

DER AUTISMUSTRICK

Die Welt braucht alle Arten zu denken, sagt Temple Grandin.

Denke in Bildern, löse dich von sprachlichen Gedanken und konzentriere dich auf kleinste visuelle, akustische oder andere Details. Ignoriere alles Grübeln im Denken und Fühlen und konzentriere dich auf nur ein Kerngefühl und fühle dieses intensiv. So in etwa beschreibt Temple Grandin, Professorin für Nutztierforschung, das Denken eines Autisten. Sie muss es wissen, denn bei ihr wurde das Asperger-Syndrom, eine milde Form des Autismus, festgestellt. Dank ihrer Gabe, sich auf diese Art und Weise in Tiere hineinzudenken, hat sie unzähligen Tieren in der Massentierhaltung viele Qualen erspart. Dank ihrer Anregung wurden Schlachthäuser und Farmen mit Massentierhaltung umgestaltet.

Vielleicht hilft auch dir der Trick. Es ist fast wie **Meditation** und mit ein bisschen Übung wirst du besser.

INFOKASTEN

Mary Temple Grandin (geb. 1947) ist Dozentin für Nutztierforschung an der Colorado State University in Fort Collins. Sie ist Spezialistin für den Entwurf von Anlagen für die kommerzielle Viehhaltung. Ihr ungewöhnliches Leben als Asperger-Autistin wurde 2010 unter dem Titel *Du gehst nicht allein* verfilmt.

Panik vor der Schlachtung, doch abgerundete Gänge erleichtern den letzten Gang. Temple Grandin legte dafür den Grundstein.

WEITERE TRICKS

Der Emotionstrick und der Perspektivismus

EMOTIONSTRICK

Am Anfang des Buches habe ich dir davon berichtet, dass wir Menschen, aber auch vermutlich alle anderen Wirbeltiere bestimmte Gefühle von Tieren einer anderen Art verstehen können. Im Kapitel *Gesang* hast du dann erfahren, dass beim Empfinden von Musik die gleichen Gehirnstellen benutzt werden. Vermutlich gilt das auch für viele andere Gefühle. Vielleicht dürfen wir viel öfter unserem Eindruck trauen, als wir glauben. Dennoch müssen wir immer aufpassen, dass wir nicht zu sehr vermenschlichen und Tieren etwas zuschreiben, das es nur bei uns Menschen gibt. Jede Tierart hat eben doch andere Besonderheiten.

PERSPEKTIVISMUS

Das ist ein kompliziertes Wort für eine einfache Sache. Im Kapitel ***Steinzeit bis Mittelalter*** haben wir erfahren, dass die Menschheit ca. 40.000 Jahre lang sehr auf eine erfolgreiche Jagd angewiesen war. Forscher interessieren sich natürlich dafür, wie die Jäger damals vorgegangen sind. Sie haben dazu noch heute lebende Naturvölker besucht und bei verschiedenen Völkern eine interessante Gemeinsamkeit gefunden. Die Jäger versetzen sich gedanklich in das Tier und vermenschlichen es. Sie denken sich also in die Perspektive des Tieres hinein, daher das komplizierte Wort **Perspektivismus**. Sie haben sich vorgestellt, wie sich ein Panther, der gerade ein Tier erlegt hat, freut. Für sie war ein Panther, der das Blut seines Opfers trinkt, wie ein erfolgreicher Jäger, der **Bier** trinkt. Die Jäger haben sich zu allem, was sie bei Tieren beobachteten, einen Vergleich ausgedacht. Diese Vermenschlichung half ihnen, die Tiere besser zu verstehen. Vielleicht probierst du es auch. Stell dir einfach vor, wie es dir in einer bestimmten Situation gehen würde, und vergleiche dieses Gefühl mit der Reaktion eines Tieres.

INFOKASTEN

Vermenschlichung

Du hast sicher schon bemerkt, dass ich es meist ganz richtig finde, wenn wir Tiere ein bisschen vermenschlichen. Wir könnten genauso gut auch davon reden, Menschen zu vertierlichen. Beides bedeutet, dass wir viele Gemeinsamkeiten haben. Natürlich dürfen wir nur vermenschlichen, wenn wir durch Untersuchungen wissen, dass wir wirklich ähnlich funktionieren. Du kennst ja schon das Beispiel mit dem logischen Denken: Wenn ein Tier logisch denkt, wäre es unlogisch zu denken, dass es anders logisch denkt als wir. Es gibt aber auch viele Situationen, in denen wir Tiere nicht vermenschlichen dürfen. Wir dürfen beispielsweise nicht unsere Moral auf Tiere übertragen. Es mag uns schaurig erscheinen, wenn ein Tier ein anderes frisst. Schon die Art und Weise, wie es getötet wird, ist oft grausig, aber dieses Verhalten ist weder gut noch böse, es ist im Verlauf der Evolution entstanden. Auch müssen wir aufpassen, ob ein Tier wirklich Lust auf etwas hat. Ein Reiter mag viel Spaß haben, das Pferd vielleicht nicht.

TIERE, DIE WIR LIEBEN

Unsere tierlichen Familienmitglieder

Man könnte sagen, dass ich ein Hundemensch bin. Ich habe fast mein gesamtes Leben mit einem Hund zusammengelebt. Obwohl ich viele Jahre lang Delfine erforscht habe, verstehe ich Hunde vermutlich besser als alle anderen Tiere. Bei anderen Menschen sind es Katzen, Pferde oder Kaninchen.

Doch nicht jedes Tier einer Art ist von seinem Wesen gleich und unser Verhältnis zu ihnen kann ganz unterschiedlich sein. Darwin, der Hund, mit dem ich die letzten zwölf Jahre zusammengelebt habe, wurde irgendwie nie richtig mein Freund. Er war ein sehr guter Bekannter und wir haben uns respektiert, aber nicht geliebt. Der Hund vor ihm hieß Captain Flint, und wenn ich ganz ehrlich sein soll, dann war er der beste Freund, den ich je hatte.

Unser Verhältnis zu Haustieren kann also sehr unterschiedlich sein. Für viele Menschen ist es überraschend, wenn ich von Tieren als Personen oder Persönlichkeiten mit unterschiedlichen Charakteren spreche. Aber tatsächlich ist die Erfindung des Charakters uralt und selbst Insekten haben Persönlichkeiten (siehe Infokasten).

HALTUNGSBEDINGUNGEN

Wenn du dich entscheidest, mit einem Tier zusammenzuleben, überlege dir bitte gut, ob das auch wirklich fair ist. Frei nach dem Motto: „Was du nicht willst, dass man dir tu', das füg auch keinem andern zu." Frage dich, ob du das Leben führen möchtest, das du für dein Tier vorgesehen hast. Beschäftige dich intensiv mit den natürlichen Bedürfnissen der Art. Ratgeberbüchern oder auch Aussagen von Züchtern solltest du erst glauben, wenn du dir ein eigenes Bild gemacht hast. Der Maßstab für die Tierhaltung muss die Natur sein und nicht das, was sich in der Vergangenheit als machbar erwiesen hat. Noch vor Kurzem war es beispielsweise üblich, Kaninchen in Käfigen zu halten. Doch dann hat sich die Tierärztliche Vereinigung für Tierschutz e.V. gegen eine solche Haltung ausgesprochen, denn die Tiere sind extrem sozial und brauchen viel Auslauf. Ein kleiner Käfig kann weder das eine noch das andere bieten. Ganz Ähnliches gilt natürlich für Vögel. Ein Käfig, in dem sie ein bisschen herumhüpfen können, hat mit der Natur, in der sie in schwindelerregende Höhen fliegen können, nichts zu tun.

Zweifelsfrei lebt kaum ein anderes Tier so gut mit uns Menschen zusammen wie der Hund. Wir haben uns über Zehntausende von Jahren aneinander angepasst und viele Hunde sind echte Familienmitglieder. Aber auch Katzen, die jederzeit das Haus verlassen können, sind tolle Begleiter. Lass dich aber bitte nicht von dem Begriff Hauskatze verführen. Katzen lieben es, draußen in der Natur zu sein.

TIERHEIM KONTRA ZÜCHTER

Leider gibt es viel zu viele Haustiere ohne Besitzer. In unserer organisierten Welt haben sie auf der Straße und in der Natur keinen Platz, werden eingefangen und in ein Tierheim gebracht. Dort bleiben sie eine Weile, in der Hoffnung, dass jemand kommt und mit ihnen zusammenleben möchte. Geschieht dies nicht, werden sie getötet. Jedes Tier, das bei einem Züchter gekauft wird, entspricht einem Tier, das in einem Tierheim eingeschläfert werden muss. Die Antwort auf die Frage, wo du ein Haustier herbekommst, ist also ganz einfach und du kannst sie dir bestimmt selbst geben. Vielleicht findest du aber auch jemanden in deinem Bekannten- oder Familienkreis, bei dem ein Tier Junge bekommen hat.

EIN TRAURIGES KAPITEL DER MENSCH-HUND-BEZIEHUNG: LEINENZWANG

Ich lebe in Erfurt, einer schönen mittelalterlichen Stadt mit strenger Leinenpflicht. Anders als beispielsweise in Berlin kann man sich bei mir zu Hause nicht durch einen Befähigungsnachweis von der Leinenpflicht befreien. Als wir nach Erfurt gezogen sind, war Darwin noch ganz klein. Das nächste winzige Auslaufgebiet war kilometerweit entfernt, und so musste er immer an der Leine geführt werden. Leider musste ich später deutliche Zeichen von Verhaltensstörungen bei Darwin, aber auch bei vielen anderen Hunden in Erfurt beobachten. Auch die Hundebesitzer wurden komisch. In Gemeinden ohne Leinenzwang bleiben die Hundebesitzer stehen, wenn sich ihre Tiere begegnen, und unterhalten sich, während die Hunde toben. Als ich in Kiel wohnte, haben sich manchmal sogar Freunde meinen Hund ausgeborgt, um andere Menschen kennenzulernen. In Gemeinden mit Leinenzwang ist das anders. Die gestörten Tiere beginnen aggressiv zu bellen, wenn sie sich begegnen, und die Besitzer zerren ihre kläffenden Hunde mit versteinerter Miene aneinander vorbei. Ich kann gar nicht sagen, wie traurig ich über diese verkehrte Entwicklung bin. Schweren Herzens habe ich mich daher dazu entschieden, ein solches Leben keinem Hund mehr zuzumuten. Besonders traurig bin ich, wenn ich an meine beiden siebenjährigen Jungs denke, denn die werden nun ohne Hund groß.

INFOKASTEN

Persönlichkeit bei Tieren: Charakter und individuelle Eigenschaften sind eine uralte Erfindung der Natur und selbst Insekten haben unterschiedliche Persönlichkeiten. Beispielsweise kann eine mutige Fliege für die ganze **Population** eine neue Nahrungsquelle erschließen. Dieses mutige Tier hat aber auch das große Risiko, als einzelnes Individuum schnell eine leckere Beute zu werden. Aber auch der Feigling hat eine wichtige Existenzberechtigung. Wenn nämlich alle dem Mutigen gefolgt sind und von einem Frosch verspeist wurden, dann sitzt der Feigling noch an der alten Stelle und hat überlebt. Er kann dann in aller Ruhe dafür sorgen, dass wieder eine neue Population aufgebaut wird. Jeder Charakterzug hat also Vorteile und Nachteile, aber die Vielfalt garantiert ein Überleben.

EXPERIMENT

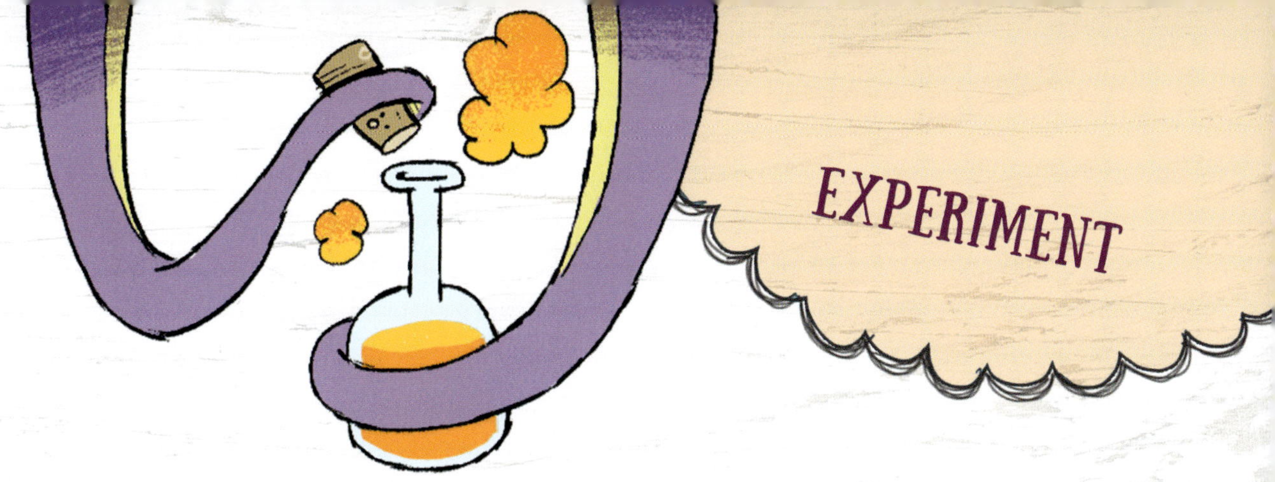

Wenn du gerne ein Tier hättest, frage doch mal Menschen mit Tieren, ob du auf ihr Tier aufpassen darfst oder ob du mal mit dem Hund Gassi gehen kannst. Du wirst sehen – viele Leute freuen sich über das Angebot.

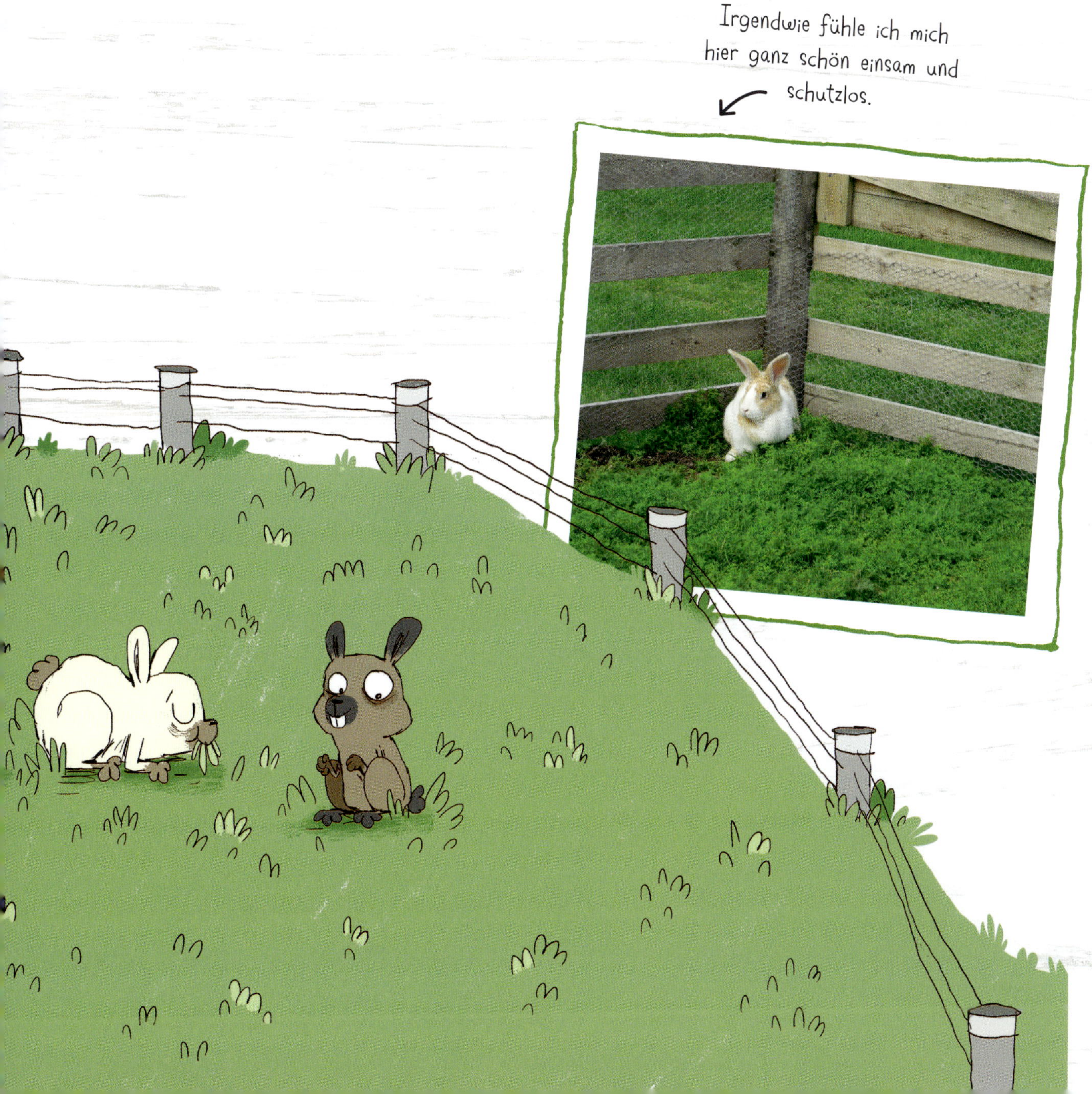
Irgendwie fühle ich mich hier ganz schön einsam und schutzlos.

TIERE, DIE WIR NICHT LIEBEN

Warum essen wir manche Tiere und andere nicht?

Es gibt Orcas, die unter keinen Umständen Fisch essen, denn sie finden Säugetiere wie zum Beispiel Seehunde viel leckerer. In dem gleichen Gebiet an der kanadischen Pazifikküste gibt es aber auch Orcas, die nie im Leben ein Säugetier töten würden, denn sie essen ausschließlich Fisch. Ähnlich wie wir Menschen, die mal mit Messer und Gabel oder wie in Asien mit Stäbchen essen, leben Orcas in einer Kultur, in der man das eine tut und das andere eben nicht. Es gibt dafür wirklich keinen plausiblen Grund.
Es gibt auch keinen Grund dafür, dass wir uns angewidert abwenden, wenn ein Chinese in den knusprig gebratenen Schenkel eines Hundes beißt. Muslime essen keine Schweine und Inder kein Rindfleisch. In allen Fällen wurde ein Tier für den Verzehr getötet. Da gibt es keinen Unterschied zwischen uns und einem Orca. Doch für das verspeiste Tier macht es natürlich einen großen Unterschied, ob es gegessen wird oder weiterleben darf. Im Falle der Tierhaltung entscheiden wir Menschen darüber. Wir überlegen zum Beispiel, ob wir unseren Döner mit Fleisch, mit **Halloumi-Käse** oder mit **Falafel** essen. Unser Geschmack entscheidet hier über Leben und Tod.

Du hast im Kapitel *Die Macht der Sprache* schon den Begriff der Opferabwertung kennengelernt. „Schlachtvieh" kann man natürlich schlachten. Mit einem „Haustier" würde man das nie tun. Man dürfte es auch nicht, denn es ist sogar streng verboten, ein Haustier zu töten. Warum darf ein Bauer sein Nutztier töten und ich darf mein Haustier nicht töten, obwohl ich es vielleicht viel besser halte und die Tötung beim Tierarzt völlig schmerzfrei ist? Aus verhaltensbiologischer Sicht gibt es keinen Grund, einen Unterschied zwischen einem

Hund und einem Schwein zu machen. Beide sind extrem sozial, mitfühlend und intelligent. Sie leiden auf die gleiche Art und Weise wie wir Menschen, wenn sie schlecht behandelt werden, und doch wird das Leben eines Hundes von uns ganz anders gestaltet als das Leben eines Schweines.

Vielleicht hast du im vorherigen Kapitel ***Tiere, die wir lieben*** gelesen, dass Kaninchen seit Kurzem nicht mehr in Käfigen gehalten werden sollen. Laut der Tierärztlichen Vereinigung für Tierschutz sollen zwei Kaninchen (Gewicht ca. 3 kg) mindestens einen 6 m^2 (Quadratmeter) großen Stall für sich haben. Zwei Schweine (Gewicht ca. 200 kg) dürfen auf gerade mal 1,5 m^2 gehalten werden (schau dir mal unser Experiment an).

Aus meiner Sicht ist der aktuelle Umgang mit Nutztieren eine bestialische Praxis, die von künftigen Generationen moralisch verurteilt werden wird. Leider wissen viele Erwachsene nicht, dass Tiere genauso denken und fühlen wie Menschen. Vielleicht ändern sie deshalb nichts.

Unser Experiment ist eine kleine Rechenaufgabe. Ermittle doch bitte, um welchen Faktor das Gehege eines Kaninchens größer ist als der Lebensraum von Schweinen in der Massentierhaltung. Berechne den Faktor bezogen auf ein Kilogramm Körpergewicht. Gegeben sind: zwei Schweine mit 200 kg auf 1,5 m² und zwei Kaninchen mit 3 kg auf 6 m². Die Auflösung findest du unten.

Ich bin keine dumme Kuh!

Ein Kaninchen hat über **250-mal** mehr Fläche zur Verfügung als ein Schwein. Berechnet wird der Wert, indem du das Gewicht von zwei Schweinen durch das Gewicht von zwei Kaninchen teilst (200 kg : 3 kg = 66,6). Dann teilst du die Flächen der Kaninchen durch die Fläche der Schweine (6 m² : 1,5 m² = 4). Nun multiplizierst du die beiden Ergebnisse und heraus kommt 266,6.

Auch wenn die Größe des Lebensraums nur ein Aspekt von vielen ist, so macht diese Zahl doch eine große Ungerechtigkeit deutlich. Stell dir vor, du hast ein Kinderzimmer von 20 m² Größe. Dein bester Freund hat aber ein 250-mal größeres Kinderzimmer. Tatsächlich würde er mit 5000 m² so etwas wie ein Schloss sein Eigen nennen. Umgekehrt geht das natürlich auch. Stell dir vor, dein Freund hätte ein 20 m² großes Kinderzimmer, deines wäre aber 250-mal kleiner. Dein Zimmer wäre nur 30 x 30 cm groß – unvorstellbar! Genauso unvorstellbar ist es, dass in Deutschland ein Schwein weniger als 1 m² zum Leben hat.

INFOKASTEN

„Du alte Drecksau“ ist eine ziemlich heftige Beschimpfung und außerdem völlig fehl am Platz. Forscher haben in den Schweizer Alpen beobachtet, dass einige Wildschweine ihre Nahrung vor dem Verzehr im Bach reinigen. Fasziniert von dieser Beobachtung machten sie einen Versuch im Basler Zoo. Sie halbierten Äpfel und gaben sie mal sauber und mal mit Sand verdreckt zu den Schweinen und siehe da, auch die Schweine im Zoo reinigten die verdreckte Nahrung, bevor sie sie aßen/fraßen. Die sauberen Äpfel aßen/fraßen sie gleich. Man kann sich fragen, warum wir Menschen so ein falsches Bild von den reinlichen Tieren haben. Liegt es vielleicht an der Art und Weise, wie wir sie halten?

Schweine haben auch Mitgefühl. Wenn sie andere Schweine sehen, die Panik haben und vor Angst erstarren, erstarren sie auch. Sehen sie andere Schweine, die Spaß haben, tippeln sie aufgeregt hin und her und wollen mit dabei sein. Schweine haben auch eine Biografie, können gut lernen und haben eine beeindruckende räumliche Vorstellung. Sie leben sehr sozial und können gut zwischen ihren besten Freunden und dem Blödmann, der sie immer ärgert, unterscheiden.

WILDTIERE

Delfintherapie – eine Illusion mit Folgen

Nach meinem Studium war ich für einige Jahre in Florida und Israel, um dort Delfine und speziell die Delfintherapie zu erforschen. In meiner Doktorarbeit habe ich mich mit der Frage beschäftigt, ob die Tiere gerne zu den Menschen schwimmen. Wie jeder gute Wissenschaftler hatte ich zuvor eine sogenannte **Pilotstudie** angefertigt. Darin habe ich beschrieben, dass die Delfine auffällig oft zu den Patienten in der Delfintherapie schwimmen und dort verweilen. Diese Beobachtung war die Grundlage, auf der ich die Fragen meiner Doktorarbeit aufgebaut habe. Doch sie war falsch! Tatsächlich konnte ich später mit akkuraten statistischen Methoden nachweisen, dass die Delfine sogar versuchen, möglichst weit von den Menschen wegzuschwimmen. Doch wie konnte mir dieser Fehler passieren? Immerhin war ich damals schon fertiger Biologe und sollte mit meiner Doktorarbeit nur noch den Nachweis erbringen, dass ich auch ein Forscher bin.

Stell dir vor, du stehst an einem Becken von ca. 15 × 20 m Größe. Das Becken am *Dolphins Plus* auf Key Largo, einer Insel vor Florida, befand sich an einem Meerwasserkanal und war von diesem mit Maschendraht abgetrennt. Darin wurden fünf Delfine gehalten und während der Schwimmprogramme waren zusätzlich acht Menschen in diesem Becken. Vielleicht ist dir schon einmal aufgefallen, dass du sehr sensibel auf Bewegungen reagierst. Du blickst zum Beispiel auf eine Wiese oder zu einem Waldrand oder auf einen verlassenen Spielplatz. Nichts passiert, doch dann siehst du eine kleine Bewegung, einen Grashüpfer auf der Wiese, ein Reh am Waldrand oder die Finger eines Kindes, das vorsichtig aus seinem Versteck herausblickt. Wir Menschen sind praktisch darauf programmiert, jede kleine Bewegung zu registrieren, darum müssen wir auch immer wieder zu einem laufenden Fernseher schauen. Es ist egal, ob uns interessiert, was dort passiert – allein die Bewegung ist für uns Grund genug hinzuschauen. So ähnlich ging es mir bei den Delfinen. Meine Augen sprangen von einer Begegnung zwischen Delfin und Mensch zur nächsten. Schließlich waren 13 große Lebewesen in dem kleinen Becken, und so war ständig jemand in der Nähe eines anderen. Erst die Analyse mithilfe eines Computers konnte zeigen, dass diese Begegnungen eher durch Zufall entstanden und dass die Tiere die meiste Zeit versuchten, den Menschen auszuweichen. So kann man sich irren!

Später erfuhr ich dann von Therapeuten, die mit Tieren arbeiten, dass die Delfintherapie sowieso nicht funktionieren kann. Das Wichtigste bei der tiergestützten Therapie ist das Miteinander zwischen Patient und Tier und die gemeinsamen Erfahrungen, die dabei freiwillig gemacht werden. Eine solche Situation gibt es bei der Delfintherapie

überhaupt nicht, denn der Delfin macht nichts freiwillig, er bekommt für alles, was er tut, von seinem Trainer Futter zur Belohnung. Genau genommen kommt es zu überhaupt keinem echten Austausch mit den Patienten. Alles nur Show. Gesundheitliche Verbesserungen erreicht man dann nicht durch die Therapie, sondern durch den sogenannten **Placeboeffekt**.

Dennoch wollen immer wieder Menschen eine Delfintherapie machen oder mit Delfinen schwimmen. Viele Menschen glauben, dass Delfine gerne mit uns zusammen sind, aber das ist im Allgemeinen falsch. Allerdings gibt es Ausnahmen wie die sogenannten **solitären Delfine**. Sie leben getrennt von ihren Artgenossen und oft in der Nähe von Menschen. Natürlich ist es falsch, von diesen wenigen einzelnen Tieren auf alle Delfine zu schließen. Es wäre so, als ob ein Außerirdischer in einem Wald landet und dort einen einzelnen Menschen trifft. Wenn er dann glaubt, dass alle Menschen gerne alleine im Wald leben, liegt er kräftig daneben.

Aufgrund dieser Erfahrung glaube ich, dass es für die allermeisten Wildtiere besser ist, wenn wir sie dort lassen, wo sie hingehören. Sie möchten nicht in einem fremden Land eingesperrt leben, sie möchten in ihrer natürlichen Heimat ihr ganz normales Leben führen. Wir Menschen sollten das respektieren und sie dort besuchen, wo sie hingehören.

Auf der Kinderlieder-CD *Ingas Garten* nennt der Sänger Heiko Fänger den kleinen Bären aus Amerika nicht Waschbär, sondern Handbär. Aus biologischer Sicht hat er völlig recht, denn mit seinen Händen ist er sehr geschickt.

INFOKASTEN 1

Die meisten Menschen glauben, dass Rehe nachtaktiv sind und erst in der Dämmerung aus ihren Verstecken kommen. Das ist falsch, denn Rehe sind genauso tagaktiv wie wir. Doch sie haben gelernt, dass sie in der Nacht nicht erschossen werden. Auf uns übertragen würde das bedeuten, dass wir nur in der Nacht aus dem Haus dürften. Das fühlt sich sehr traurig an.

INFOKASTEN 2

Der Waschbär kommt eigentlich aus Nordamerika, aber er wurde 1934 von dem Nazi und Reichsjägermeister Hermann Göring ausgewildert. Außerdem sind einige Waschbären aus Pelzfarmen ausgebüxt. Viele Erwachsene haben vor den possierlichen und klugen Tieren Angst, denn sie befürchten Schäden an ihren Häusern oder einen negativen Einfluss auf unsere Tierwelt. Doch es gibt einfache Methoden, Häuser zu sichern, und selbst in Naturschutzgebieten sind Waschbären kein Problem. Du darfst sie nur nicht füttern, denn dann ziehen sie bei dir ein.

INFOKASTEN 3

Du hast sicher schon gehört, dass bei uns in Deutschland der Wolf wieder angesiedelt wurde und dass er manchmal Probleme macht. Manche Menschen haben Angst, in einem Wald spazieren zu gehen, in dem ein Wolf lebt. Andere haben Angst vor wirtschaftlichem Schaden, etwa wenn der Wolf in einer Schafherde wütet. In jedes Ökosystem gehört aber ein Großraubtier, denn es jagt zuerst kranke und verletzte Tiere und sorgt so für eine gesunde **Population**. Auch reduziert der Wolf den Bestand an Rehen, die sonst Schäden im Wald anrichten. Im letzten Fall muss man aber berücksichtigen, dass Rehe eigentlich gar nicht im Wald leben, sondern auf Wiesen. Dort fressen sie am liebsten Kräuter und Gras. Allerdings haben sie gelernt, dass wir sie dort erschießen, und deshalb leben sie nun im Wald. Da es dort wenig Gräser und Kräuter gibt, fressen sie die jungen Triebe der Bäume und die kleinen Sprösslinge und verursachen so Schäden im Wald. Wölfe sind übrigens sehr scheu und soweit ich weiß gab es nach ihrer Wiederansiedlung noch keinen Angriff auf Menschen.

TIERE TRAINIEREN

Der Dialog, eine unterschätzte Kraft

Hast du dich schon einmal gefragt, warum es Hundeschulen gibt, aber keine Katzenschulen? Oder warum Delfine in Delfinarien Kunststücke für ihr Essen machen müssen, Löwen im Zoo aber nicht? Hat es vielleicht etwas mit der Lernfähigkeit zu tun? Können Hunde und Delfine gut lernen, unsere Hauskatzen und ihre Verwandten, die Löwen, nicht so gut? In allen Fällen handelt es sich um hoch entwickelte Säugetiere mit einem komplexen Gehirn, das ohne Probleme dazu in der Lage ist, die vielfältigsten Lernaufgaben zu meistern. Dennoch glauben viele Katzenbesitzer fest daran, dass ihre Katzen viel zu selbstbestimmt sind, um sich trainieren zu lassen. Für viele Hundebesitzer ist ein guter Hund nur ein gut trainierter Hund. Beides ist Teil unserer Kultur und hat nicht viel mit den Tieren zu tun. Hunde sind durch ihre längere **Domestizierung** dem Menschen gegenüber angepasster als Katzen, aber vielleicht warten wir einfach 10.000 Jahre und schauen, wie unsere Katzen dann drauf sind. Mit der Intelligenz oder dem Lernvermögen der Tiere hat das nichts zu tun. Das Gleiche gilt natürlich auch für Kaninchen und Pferde. Es hat nichts mit den Tieren zu tun, dass die einen trainiert werden und die anderen nicht.

Doch wofür ist das Training denn dann eigentlich gut? Auf einem Reitplatz oder in einer Hundeschule werden Tiere mit der sogenannten **Konditionierung** zu einem bestimmten Verhalten gebracht. Das kann sehr nützlich sein, denn ein Hund, der nicht gelernt hat, „bei Fuß“ zu gehen, muss in unseren Städten immer an der Leine geführt werden. Selbst das Gehen an der Leine muss gelernt sein, denn es ist für beide Beteiligten furchtbar, wenn ein Hund

immer an der Leine zerrt. Auch Pferde muss man konditionieren, wenn sie für uns Menschen funktionieren sollen. Ohne Konditionierung würde kein Pferd der Welt einen Menschen auf seinem Rücken reiten lassen, denn das ist für die Tiere völlig unnatürlich. Es gibt massenhaft Bücher, die sich mit der Erziehung von Tieren beschäftigen und für jede Tierart die besten Tricks beschreiben. Ich möchte in diesem Buch besser darauf verzichten. Ich möchte dich aber an einer Erfahrung teilhaben lassen, die mir die Augen geöffnet hat.

Offenstallhaltung direkt an der Koppel. So können Pferde prima gehalten werden.

Wir reden miteinander.

INFOKASTEN

Eines Tages saß ich mit meinem Aufnahmegerät und einem Taucheranzug auf dem Boden des Dolphins Reef in Israel an der nördlichsten Spitze des Roten Meeres. Über mir waren 5 m Wasser und vor mir spielende Delfine. Bangy, einer der Delfine, die in dem abgetrennten Meeresareal lebten, kam auf mich zu und biss in den Schlauch meiner Tauchausrüstung. Was hatte ich falsch gemacht? Ich war wie an jedem Tag zu meiner Position geschwommen und hatte mich ruhig verhalten. Hätte ich damals die Erfahrung von Barbara Smuts mit ihren wilden Pavianen schon gekannt, wäre ich klüger gewesen. Sie hatte festgestellt, dass sie die Tiere begrüßen musste, bevor sie sich der Gruppe näherte. Die Begrüßung und der Augenkontakt fungierten wie eine Frage. Sie fragte also die Paviane, ob sie näher kommen durfte. Denn wenn man nichts tut, ist es keineswegs so, als würde man nichts tun. Tatsächlich tut man dann auch nichts dafür, dass die Situation friedlich erscheint. Ich glaube heute, dass Bangy mir nichts Böses wollte, er wollte mich einfach nur aus der Reserve locken, weil er es absolut nicht verstehen konnte, dass dort ein Mensch in seinen Lebensraum kommt, der nichts mit ihm zu tun haben will. Eigentlich völlig logisch.

Diese kleine Anekdote zeigt, wie wichtig es ist, auch mit Tieren in Dialog zu treten. Wie du bereits in dem gleichnamigen Kapitel auf Seite 82 erfahren hast, glaubte man früher, dass nur Menschen im Dialog miteinander stehen. Heute wissen wir, dass sogar Insekten einen Dialog führen können.

Der Dialog ist ein wichtiges Element im Sozialleben. Erinnere dich kurz an die Nachtigall, die aggressiv darauf reagiert, wenn sie unterbrochen wird – dir geht es sicher ganz ähnlich. Im Dialog kommt es zu einem Geben und Nehmen, es gibt ein echtes Hin und Her, ein Miteinander. Bei einem Training gibt es das nicht, es gibt nur das Kommando auf der einen Seite und die Ausführung der Aufgabe auf der anderen Seite. Mir scheint es fast so, als würden sich die Menschen, die zu viel Gewicht auf Training legen, des eigentlich gemeinsamen Lebens berauben. Zum Beispiel frage ich, wenn ich mit einem Hund Gassi gehe, in welche Richtung er gehen will. Für mich ist das selbstverständlich, es ist schließlich die Runde, die man für den Hund geht, und warum soll er nicht auch bestimmen? Hunde haben eine gute Vorstellung vom Kontext und wissen genau, dass sie auf ihr Herrchen hören müssen, wenn sie zum Beispiel an eine Kreuzung kommen. Wenn man einem Hund, aber auch einem anderen Tier zeigt, dass man offen für ihre Meinung ist, dann werden sie lernen, diese Meinung auch so zu äußern, dass wir sie verstehen.

INFOKASTEN

Pferdehaltung ist irgendwie etwas Besonderes. Schon die Tatsache, dass man gar nicht genau sagen kann, ob ein Pferd nun ein Haustier oder ein Nutztier ist, macht dies deutlich. Wenn Reiten für dich ein Thema ist, dann gilt wie immer die goldene Regel: Vergleiche die entsprechende Sportart mit dem natürlichen Verhalten der Pferde und lasse dein geliebtes Tier nichts tun, was unnatürlich ist. Überprüfe auch die Haltungsbedingungen und wie du mit dem Tier umgehst. Reiter, die ein gutes und vertrauensvolles Verhältnis zu ihrem Pferd haben, können ohne Probleme auf eine **Trense** verzichten. Wenn Pferde als Gruppe in einem Offenstall direkt an der Koppel gehalten werden, dann können die Tiere noch viel von ihrem normalen Verhalten zeigen. Wenn die Ausritte nicht über Steinboden gehen, dann könnte man unter diesen Bedingungen auch auf das Beschlagen der Hufe verzichten. Denke auch daran, dass jeder Kompromiss immer zulasten der Pferde geht, und frage dich, ob du das irgendwie wiedergutmachen kannst.

WANN KÖNNEN WIR UNS MIT TIEREN UNTERHALTEN?

Die Grenzen unseres gegenseitigen Verständnisses

Der berühmte Sprachforscher Ludwig Wittgenstein sagte einmal: Selbst wenn der Löwe sprechen könnte, wir könnten ihn nicht verstehen. Um sich wirklich gegenseitig richtig zu verstehen, muss man nicht nur die gleiche Sprache sprechen, sondern auch die Kultur teilen. Manchmal geht es mir auch so mit international renommierten Politikern wie Putin und Trump. Sie können mir in absolut verständlicher Sprache ihre Gründe erläutern, aber ich verstehe ihr Handeln einfach nicht. Wie viel schwerer muss es dann sein, Tiere zu verstehen? Wir dürfen daher nicht enttäuscht sein, wenn wir mit unserem Verständnis nur ein bisschen an der Oberfläche kratzen.

Auch wenn uns irgendwann künstliche Intelligenz dabei hilft, die Äußerung von Tieren besser zu verstehen, eine Unterhaltung, wie wir sie mit anderen Menschen führen, wird es vermutlich nie geben. Der Grund dafür ist eine kleine Eigenart, die uns von anderen Tieren unterscheidet. Diese kleine Eigenart ist an sich nichts Besonderes, aber sie hat vermutlich die Grundlage für unser menschliches Zusammenleben in den letzten Jahrzehntausenden bestimmt. Anders als beispielsweise unsere nächsten Verwandten, die Schimpansen, ordnen wir uns gerne

einer Gruppe unter. Wenn du zum Beispiel einen Post im Internet gemacht hast und viele deiner Freunde ihn liken, dann freust du dich. Dir wird auf diese Art und Weise deutlich, dass du etwas geschaffen hast, was von vielen anerkannt wird. Du hast deinen Post nicht für dich geschrieben, sondern für andere, und dieses Für-andere-etwas-tun-und-sich-dabei-gut-fühlen könnte dafür verantwortlich gewesen sein, dass wir unsere sogenannte ***kumulierte Kultur*** (siehe Infokasten) entwickeln konnten. Ein wichtiger Teil dieser Kultur ist unsere komplexe Sprache. Du hast in diesem Buch erfahren, dass alles, was zu einer Sprache gehört, bereits lange vor uns entstanden ist. Die Menschen haben aus diesen Grundlagen viel gemacht und wir dürfen nicht erwarten, dass ein Tier mal so einfach mehrere 10.000 Jahre Entwicklung überspringt.

Wenn du aber das Buch aufmerksam gelesen hast, dann hast du eine Vielzahl von Beispielen und Tricks an die Hand bekommen, die dir helfen, Tiere ein bisschen besser zu verstehen.

INFOKASTEN

Kumulierte Kultur

In unseren Lexika steht, dass wir Menschen eine Kultur haben und dass alles andere Natur ist. Das ist falsch, denn auch viele Tierarten leben in einer Kultur. Sie haben Traditionen und geben ihr Wissen und ihre Gewohnheiten als Kulturgut an Nachkommen oder Freunde weiter. Doch sie haben keine kumulierte Kultur. Wenn ich beispielsweise ein Dreieck berechne, dann nutze ich die Erkenntnisse des Griechen Pythagoras von Samos, der vor 2.500 Jahren gelebt hat. Wir Menschen sagen daher auch von uns, dass wir die Zwerge auf den Schultern der Riesen sind. Mit der Erfahrung unserer Vorfahren bauen wir unsere Häuser und fliegen bald sogar zum Mars. Das ist kumulierte Kultur und das hat kein Tier außer uns.

LIEBE ELTERN UND LEHRER,

Vieles von dem, was Sie in diesem Buch lesen, wird Sie überraschen. Es wird sogar im Widerspruch zu Ihrem bisherigen Wissen stehen. Selbst Studenten oder frischgebackene Lehrer des Faches Biologie, die dieses Buch lesen, werden Neues und Überraschendes erfahren. Der Grund dafür liegt in der einfachen Tatsache, dass die moderne Verhaltensbiologie an kaum einer Universität unterrichtet wird und nicht Bestandteil des Lehrplans für Biologie ist.

Ich kann daher sehr gut nachvollziehen, dass Sie dem hier präsentierten Wissen gegenüber eine gewisse Skepsis haben.

Natürlich kann ich Sie nicht einfach um Vertrauen in dieser Sache bitten, denn schließlich geht es nicht um Sie, sondern um die Kinder, die dieses Buch lesen. Es liegt schließlich in Ihrer Verantwortung, dass die jungen offenen Geister keinen Unsinn lernen.

An dieser Stelle kann ich nicht genug betonen, wie dankbar ich dem Loewe Verlag bin, dass er mir erlaubt, hier Werbung für meine Bücher ***Das Mysterium der Tiere: Was sie denken, was sie fühlen*** und ***Die Sprache der Tiere: Wie wir einander besser verstehen*** zu machen.

vorgestellten Experimente durchführen möchten. Dafür garantiere ich Ihnen begeisterte Schüler.

Ich wünsche Ihnen viel Spaß beim Lesen und bei der Diskussion mit den jungen Lesern.

Gemeinsam umfassen die Bücher 650 Seiten und ich zitiere fast 1.000 Quellen, von denen es sich größtenteils um aktuelle wissenschaftliche Veröffentlichungen handelt. Wenn Sie das Thema also weiterhin interessiert oder Sie für die einzelnen Beispiele die Quellenangaben brauchen, dann möchte ich Sie herzlich einladen, diese Bücher zu lesen. Alle hier erwähnten Inhalte und Beispiele und natürlich noch viele weitere sind darin enthalten. Auch möchte ich Ihnen empfehlen, diese Bücher zu lesen, wenn Sie die hier

GLOSSAR

Das Gegenteil von **abstrakt** ist konkret. Abstraktes Denken ist also irgendwie indirekt. Letztlich beruht es auf einer Verallgemeinerung, die wir getroffen haben und auf deren Grundlage wir ein ganz anderes Problem lösen können.

Adverbialbestimmungen sind Umstandsbestimmung der Zeit, des Raumes und der Art und Weise. Sie spielen in unserer Sprache eine wichtige Rolle, um Dinge genauer beschreiben zu können.

Alarmrufe werden abgegeben, um auf eine Gefahr aufmerksam zu machen. Oft verstehen sogar Tiere einer anderen Art den Ruf und sind gewarnt.

Alexander von Humboldt (1769 bis 1859) war ein berühmter Naturforscher. Nach ihm und seinem Bruder Wilhelm von Humboldt wurde die Humboldt-Universität in Berlin benannt.

Die **Anatomie** ist die Lehre vom Aufbau lebender Organismen, anatomisch bedeutet in diesem Sinne also ein Bezug zum Aufbau.

Jemandem **auf Augenhöhe** begegnen, bedeutet so viel wie gleichberechtigt zu sein.

Der **Babelfisch** ist eine Erfindung meines Lieblingsautors Douglas Adams. In seinem Buch „Per Anhalter durch die Galaxis" ist der Babelfisch ein Lebewesen, das alle Sprachen im Universum direkt übersetzten kann und das man sich nur ins Ohr stecken muss.

Bakterien sind einzellige, sehr einfache Lebewesen, die noch nicht einmal einen Zellkern haben.

Behavior kommt aus dem Englischen und heißt einfach nur Verhalten.

Bergmann-Regel: Größe hat einen großen Vorteil, denn man kann nicht so leicht von Kleineren gefressen werden. Aber natürlich wurden dann mit der Zeit auch die Raubtiere größer. Gerade zur Eiszeit gab es aber noch einen anderen extrem wichtigen Grund. Je größer ein Tier, desto kleiner ist seine Oberfläche im Verhältnis zum Körpervolumen. Über die Körperoberfläche verliert man aber Körperwärme. So sind Tiere im Vorteil, die eine eher kleine Körperoberfläche im Verhältnis zu ihrer Masse haben. Entdeckt hat die Regel der Göttinger Anatom und Physiologe Carl Bergmann, daher nennt man sie auch die Bergmann-Regel. Der Forschungszweig, der sich mit solchen Zusammenhängen beschäftigt, ist übrigens die Ökophysiologie, falls du das schon immer einmal wissen wolltest.

Bier wurde vermutlich schon vor 13.000 Jahren gebraut. In der Rakefet-Höhle im heutigen Israel fanden Forscher die älteste Brauerei der Welt.

Biolumineszenz ist die Fähigkeit eines Lebewesens zu leuchten. Manchmal geschieht das in Symbiose mit leuchtenden Bakterien.

Bonobos wurden früher mit zu den Schimpansen gezählt, heute sind es zwei verschiedene Arten.

Brehms Vater, Christian Ludwig Brehm, (1787 bis 1864) war evangelischer Pfarrer und Vogelkundler.

Charles Darwin (1809 bis 1882) war ein englischer Forschungsreisender, der einen maßgeblichen Anteil an der Entwicklung der Evolutionstheorie hatte.

Ein **Code** ist die Festlegung einer Bedeutung für etwas Bestimmtes. Der Binärcode bei Computern besteht aus 0 und 1, die deutsche Sprache besteht aus 26 Buchstaben und der genetische Code der DNA besteht aus vier Basen: Adenin (A), Guanin (G), Cytosin (C), Thymin (T).

Als **Domestizierung** bezeichnet man die Anpassung von Tieren und Pflanzen an die menschlichen Bedürfnisse. Erreicht wird diese Anpassung durch selektive Zucht. Das bedeutet, dass nur die Tiere und Pflanzen Nachkommen haben, deren Eigenschaften für den Menschen von Vorteil sind.

Erbkrankheiten hat jeder biologische Organismus. Wenn aber zwei nahe Verwandte Nachkommen haben, ist die Wahrscheinlichkeit hoch, dass die Erbkrankheit zum Ausbruch kommt. Das liegt daran, dass beide die gleiche Erbkrankheit und somit die gleichen geschädigten Gene haben. Im Normalfall übernehmen die Gene des gesunden Partners und eine Erbkrankheit fällt überhaupt nicht auf.

Als **Evolution** bezeichnet man die ständige Weiterentwicklung von Lebewesen im Verlauf der Zeit. Die Entwicklung verläuft von einfach gebauten Lebewesen bis hin zu immer komplizierter gebauten Lebewesen.

Die **Evolutionstheorie** ist ein wissenschaftlich begründeter Versuch, die Entwicklung des biologischen Lebens vom Einfachen zum Komplexen zu erklären. Sie ist in der Welt der Naturwissenschaft weitestgehend akzeptiert, obwohl sie noch nicht bewiesen ist. Sie ist aber sehr plausibel und daher halte ich sie für zutreffend.

Falafel sind frittierte Bällchen aus Bohnen und Kichererbsen.

FOXP2 (Forkhead-Box-Protein P2) ist ein Protein, das bei der Entschlüsselung (Transkription) der DNA eine Rolle spielt.

Fremdschämen ist ein ganz besonderes Gefühl. Versucht mal, fremdeifersüchtig zu sein. Das geht nicht, richtig? Auch Forschern ist das ein Rätsel.

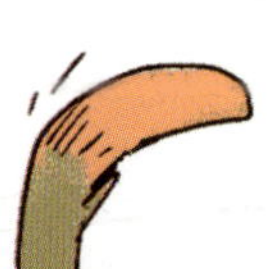

Bei der **Gebärdensprache** werden mit dem Körper spezielle Zeichen gemacht. Die Gebärdensprache hat ein Vokabular und eine Grammatik und darf daher nicht mit der unbewussten Körpersprache verwechselt werden.

Als **genetisch** bezeichnet man Dinge, die aufgrund der Gene bestimmt sind. Es ist also nicht gelernt, sondern angeboren.

Das **Genom** ist die Gesamtheit aller genetischen Informationen in der DNA.

Gravitation oder auch Schwerkraft ist eine Kraft, die Körper zueinander zieht. Weil die Erde so groß und schwer ist, zieht sie uns zu ihrem Mittelpunkt.

Halloumi-Käse ist eine sehr alte Käseart. Er wird wegen seiner Festigkeit oft gegrillt verwendet.

Eine **Hypothese** ist eine Annahme auf Grundlage von Beobachtungen und logischem Kombinieren.

Das **Immunsystem** schützt uns vor Krankheiten.

Inzucht ist, wenn nahe Verwandte miteinander Nachkommen haben.

Konditionierung ist eine bestimmte Art des Lernens. Beispielsweise wird ein gewünschtes Verhalten mit Nahrung belohnt. Dadurch macht der Lernende die Erfahrung, dass das Verhalten sinnvoll ist.

Konrad Lorenz (1903 bis 1989) war ein österreichischer Zoologe. Er ist der wichtigste Vertreter der vergleichenden Verhaltensforschung (Ethologie). Bekannt wurde er durch seine Versuche zur Prägung, bei denen er Gänse auf sich fehlprägte.

Als **kooperativ** bezeichnet man gemeinsames Handeln.

Künstliche Intelligenz (KI) ist die Fähigkeit von Computern, auf intelligente Lösungen von Problemen zu kommen.

Ein **Kugelstoßpendel** verdeutlicht die Energieübertragung von einem Element zum nächsten. Hebt man eine Kugel an und lässt sie los, dann wird ihre Energie als Impuls durch die anderen Kugeln weitergeleitet und die Kugel auf der anderen Seite schnippt genauso schnell und weit zu Seite wie die angehobene Kugel.

Linguistik ist die Wissenschaft, die sich mit der menschlichen Sprache beschäftigt.

Logisch ist etwas, wenn eine klare Wenn-Dann-Beziehung besteht.

In der Akustik, der Wissenschaft vom Schall, spricht man von **maskiert**, wenn ein Geräusch durch die Lautstärke eines anderen Geräusches nicht mehr zu hören ist. Das ist so, als würde man auf dem Bahnsteig telefonieren, doch dann fährt ein Zug ein und man hört nichts mehr am Telefon.

Magnetresonanztomografie (MRT) ist ein bildgebendes Verfahren in der Medizin, mit dem man, ähnlich wie beim Röntgen, in den Körper hineinsehen kann.

Bei der **Meditation** handelt es sich um eine Achtsamkeits- oder Konzentrationsübung. Meditieren kann sehr entspannend, aber auch erhellend sein.

Megafauna: Als Fauna bezeichnet man die Tierwelt und Megafauna sind die großen Tiere.

Megaherbivoren: Herbivoren sind Pflanzenfresser und Megaherbivoren sind große Pflanzenfresser.

Als **Menschenaffenarten** bezeichnet man uns Menschen und unsere nächsten Verwandten: Orang-Utan, Gorilla, Schimpanse, Bonobo. Früher gehörten Bonobos und Schimpansen zusammen.

Als **Metakognition** bezeichnet man das Denken über das Denken.

Als **Moleküle** bezeichnet man in der Chemie mehrere miteinander verbundene Atome. Ein Wassermolekül (H_2O) besteht z. B. aus zwei Wasserstoffatomen und einem Sauerstoffatom. Ein Sauerstoffmolekül (O_2) besteht aus zwei Sauerstoffatomen.

Ein **Monolog** ist im Gegensatz zu einem Dialog die Rede einer einzelnen Person.

Unter **motorischer Koordination** versteht man die Fähigkeit, unsere Muskulatur zu steuern. Eine gute Koordination durch unsere Nerven lässt unsere Muskeln ihre Arbeit besser verrichten.

Bei einer **Mutation** handelt es sich um eine Veränderung im Bauplan von Organismen. Eine Mutation kommt dadurch zustande, dass durch Zufall oder einen äußeren Einfluss die DNA verändert wurde.

Nico Tinbergen (1907 bis 1988) war ein niederländischer Ethologe. Gemeinsam mit Konrad Lorenz hat er versucht, eine Instinkttheorie zu erarbeiten. Gemeinsam mit Karl von Frisch und Konrad Lorenz wurde ihm 1973 der Nobelpreis für Physiologie und Medizin verliehen.

Ein **Overkill** bedeutet, dass man etwas übertrieben hat.

Pantoffeltierchen sind einzellige Lebewesen und haben daher keinen Mund (dein Mund besteht aus Millionen von Zellen), aber so etwas wie einen Mundbereich, an dem sie Nahrung aufnehmen können.

Als **Perspektivismus** bezeichnet man die Fähigkeit, sich in Tiere hineinzuversetzen, indem man sich vorstellt, die Tiere würden Dinge tun oder empfinden, die auch wir Menschen tun oder empfinden.

Als **Pilotstudie** bezeichnet man eine wissenschaftliche Untersuchung, die man als Test vor dem richtigen Forschungsprojekt durchführt.

Der **Placeboeffekt** ist ein psychologisches Phänomen, bei dem man die Selbstheilungskräfte des eigenen Organismus' einem Medikament zuschreibt. Wenn man zum Beispiel an die Wirkung eines Medikamentes glaubt, dann wird man diese Wirkung auch oft feststellen. In der Pharmaforschung wird daher jedes Medikament mit einem Placebo-Medikament verglichen. Erst wenn es deutliche Unterschiede zwischen dem Placebo und dem Medikament gibt, kann man von einer wirklichen Wirkung des Medikaments ausgehen.

Bei einem **Playback-Experiment** spielt man Tieren einen bestimmten Ruf vor und beobachtet, was passiert.

Als **Population** bezeichnet man die Gesamtheit einer bestimmten Art von Lebewesen in einem bestimmten Gebiet.

Ein **Protein** ist ein recht kompliziert aufgebautes Molekül. Proteine sind so etwas wie die Maschinen unserer Zellen. Die allermeisten Funktionen in unserem Körper werden durch

Proteine ermöglicht. Ein anderes Wort für Protein ist Eiweiß.

Ein **Quorum** beschreibt eine bestimmte Menge von Bakterien.

Rationales Denken ist ein vernunftgeleitetes Denken. Im Regelfall kann man seine Meinung oder ein Verhalten gut begründen. Irrationales Verhalten macht man aus dem Bauch heraus, aber auch das kann von Vorteil sein.

Beim **Reagieren** erfolgt auf einen Einfluss eine Reaktion.

Mit der **Schwimmblase** können Knochenfische steuern, ob sie im Wasser auf- oder absteigen. Das ist ein bisschen so wie beim Ballonfahren. Knorpelfische, also Haie und Rochen, haben keine Schwimmblase.

Burrhus Frederic Skinner (1904 bis 1990) war Begründer des Radikalen Behaviorismus, berühmt wurde die nach ihm benannte **Skinner-Box**.

Bei **solitären Delfinen** handelt es sich um Einzelgänger, die zumindest zeitweise nicht in eine soziale Gruppe integriert sind.

Als **Territorium** bezeichnet man ein Areal, in dem Lebewesen vorkommen oder an das sie gebunden sind.

Eine **Theorie** ist ein Bild oder ein Modell der Realität, also so etwas wie eine Anschauung oder Einsicht. Sie beruht auf Verallgemeinerungen und der Erkenntnis von etwas Grundlegendem. Oft geht ihr eine Hypothese voraus, die dann durch Experimente oder Beobachtung die Theorie bestätigen.

Als **Theory of Mind** bezeichnet man die geistige Fähigkeit, nicht nur zu wissen, dass man selbst existiert, sondern dass es auch andere Individuen gibt. Diese Fähigkeit ist von Vorteil, wenn man das Verhalten von anderen voraussagen oder beeinflussen will. Man hat also eine Vorstellung (Theorie) des Geistes von anderen.

Tierlich wird analog der Bedeutung für menschlich verwendet. Es wird verwendet, um den etwas abwertenden Begriff tierisch zu vermeiden.

Beim **Travelling-Salesman-Problem** versucht man die ökonomischste Route über verschiedene Wegpunkte zu berechnen.

Als **Trense** bezeichnet man eine Stange beim Zaumzeug von Pferden. Ohne große Kraftanstrengung des Reiters kann ein gewisser Schmerz erzeugt werden, der das Pferd folgsam macht.

Die Ordnung der Primaten teilt sich in **Trockennasenaffen** und Feuchtnasenaffen. Wir Menschen gehören zu den Trockennasenaffen.

Vokabeln nennt man Wörter einer anderen Sprache; hier meint Vokabel einen Ruf, der für etwas Bestimmtes steht.

Die **Weltgesundheitsorganisation** (World Health Organization = WHO) ist die Behörde der Vereinten Nationen, die für das Gesundheitswesen verantwortlich ist.

Wilhelm von Osten (1838 bis 1909) war Lehrer und trainierte in seiner Freizeit den Klugen Hans, ein berühmtes Pferd.

Als **Wirbeltiere** bezeichnet man alle Tiere, die eine Wirbelsäule haben, also Fische, Reptilien, Vögel und Säugetiere.

Das **Zungenbein** ist ein ca. 2–3 cm großer U-förmiger Knochen, der unterhalb der Zunge liegt. Es ist nicht mit dem Rest der Knochen verbunden, sondern wird von Bändern gehalten.

BILDNACHWEIS

Shutterstock: S. 8 © Henner Damke; S. 9 © 4 PM production, © Sergey Zaykov; S. 10 © fontoknak; S. 13 © Debbie Steinhausser, © rafaellsilveira; S. 14 © noicherrybeans; S. 22 © sharpshutter; S. 23 © peampath2812; S. 25 © VDB Photos, © attraction art; S. 26 © ilkercelik; S. 27 © Jesus Cobaleda; S. 31 © Triff; S. 33 © Daniel Zuppinger; S. 35 © V.Borisov; S. 36 © Tory Kallman; S. 38 Magnus Binnerstam ; © S. 39 © Phonlamai Photo; S. 41 © Sergey Novikov; S. 43 © Dean Drobot; S. 45 © ARKHIPOV ALEKSEY, S. 47 © Rudmer Zwerver, © Andrea Izzotti; S. 49 © Iago Duarte; S. 52 © Sve_Burt; S. 55 © Chase Dekker, © Henner Damke; S. 57 © Elena Larina; S. 60 © Christian Mueller; S. 61 © Lerner Vadim; S. 63 © Yatra; S. 65 © Smileus; S. 70 © Erik Mandre; S. 72 © bravikvl; S. 75 © Wright Out There; S. 76 © chadin0, © V.Borisov; S. 81 © Fotografie-Kuhlmann; S. 83 © Eileen Kumpf; S. 85 © Agami Photo Agency, © Piyathep,© Edwin Butter, © l i g h t p o e t, © Ondrej Prosicky, © Cookie Studio; S. 87 © Andrii Oleksiienko, © Viliam.M; S. 92 © Procy, © Gorodenkoff, © yusuf madi; S. 94 © antirat Praeknokkaew; S. 99 © Rattiya Thongdumhyu, © Sergey Zaykov; S. 100 © Gabor Tinz; S. 101 © Levent Konuk; S. 106 © CGN089; S. 107 © Minty-bear; S. 111 © Dean Drobot; S. 113 © JayHub, © Ruth Black; S. 116 © altanaka; S. 120 © Tobias Arhelger, © Lena Ogurtsova; S. 133 © Rudmer Zwerver; S. 135 © Ana Gram; S. 139 © Svensge; S. 145 © David Tadevosian, S. 146 © Kletr; S. 149 © Edwin Butter; S. 151 © DementevaJulia; S. 153 © Hypervision Creative; S. © 159 Gina Hsu; S. 161 © FooTToo; S. 162 © Ajdin Kamber; S. 166 © Alessandro Cancian; S. 169 © mazolafoto.de, © 4 PM production; S. 174 © Andrea Izzotti; S. 175 © Erik Mandre, © attraction art; S. 186 © Aliaksandr Antanovich

Dr. Karsten Brensing hat in Kiel Meeresbiologie studiert. Später hat er in Florida und Israel die Interaktion zwischen Delfinen und Menschen erforscht und 2004 an der Freien Universität in Berlin seine Doktorarbeit abgeschlossen. Im Anschluss daran war er 10 Jahre lang Wissenschaftlicher Leiter des Deutschlandbüros der internationalen Wal- und Delfinschutzorganisation WDC. Seither arbeitet er selbstständig als Berater und Autor. Er hat bisher drei erfolgreiche Bücher über das Denken und Fühlen von Tieren geschrieben und als Berater für das Umweltministerium, die Europäische Kommission und für Umweltschutzorganisationen gearbeitet. Sein erstes Kinderbuch *Wie Tiere denken und fühlen* wurde mit dem Umweltpreis der Kinder- und Jugendliteratur ausgezeichnet und war Wissensbuch des Jahres 2019. Er ist Mitbegründer der wissenschaftlich arbeitenden Tierrechtsinitiative „Individual Rights Initiative“ (www.IRI.world).

Karsten Brensing ist stolzer Vater von zwei siebenjährigen Jungen. Seine Frau Katrin ist Wissenschaftsjournalistin und ebenfalls Buchautorin. Beide sind mit 19 Jahren ein Paar geworden und träumen davon, irgendwann einmal um die Welt zu segeln.

www.karsten-brensing.de

Nikolai Renger ist in Karlsruhe geboren und studierte Visuelle Kommunikation an der HFG in Pforzheim. Er ist als freiberuflicher Illustrator für verschiedene Verlage und Agenturen tätig und arbeitet seit 2013 im Atelier Remise in Karlsruhe. Besonders gern zeichnet er übrigens Tiere.

ISBN 978-3-7432-0547-5
1. Auflage 2020

Umschlag- und Innenillustrationen: Nikolai Renger
Umschlaggestaltung: Johanna Mühlbauer
Umschlagfoto: © Simon Dannhauer/shutterstock.com
Printed in the EU

www.loewe-verlag.de

DIE LETZTEN *Geheimnisse* DER *Tierwelt*

Wusstest du, dass Ameisen sich im Spiegel erkennen können und Delfine sich gegenseitig beim Namen rufen? Dass Ratten gerne gemeinsam lachen und Orcas echte Muttersöhnchen sind, die noch mit 30 Jahren zu Hause wohnen?

Der Verhaltensbiologe Karsten Brensing erzählt verblüffende Geschichten aus dem Tierreich. Von Bienen über Erdmännchen bis zu Affen und Elefanten zeigt er anhand vieler Beispiele, dass Tiere ganz ähnlich denken und fühlen wie wir Menschen. Wer hätte gedacht, dass Geschichten von sprechenden Tieren der Realität so nahe sind?

ISBN 978-3-7432-0304-4

Kinder haben die Mission, unsere Erde zu einem besseren, sichereren und glücklicheren Ort zu machen. Und jeder kann mitmachen! Es ist ganz einfach und macht Spaß! Jeden Tag sehen wir ein Problem, das wir gerne beheben würden. Müll in einem grünen Park. Plastikwasserflaschen am Strand. Eine Mülltonne, die überläuft. Es scheint unmöglich zu sein, diese Probleme allein zu lösen. Aber gemeinsam können wir es schaffen, wenn wir alle unseren Teil dazu beitragen – Schritt für Schritt und mit vielen tollen Ideen!

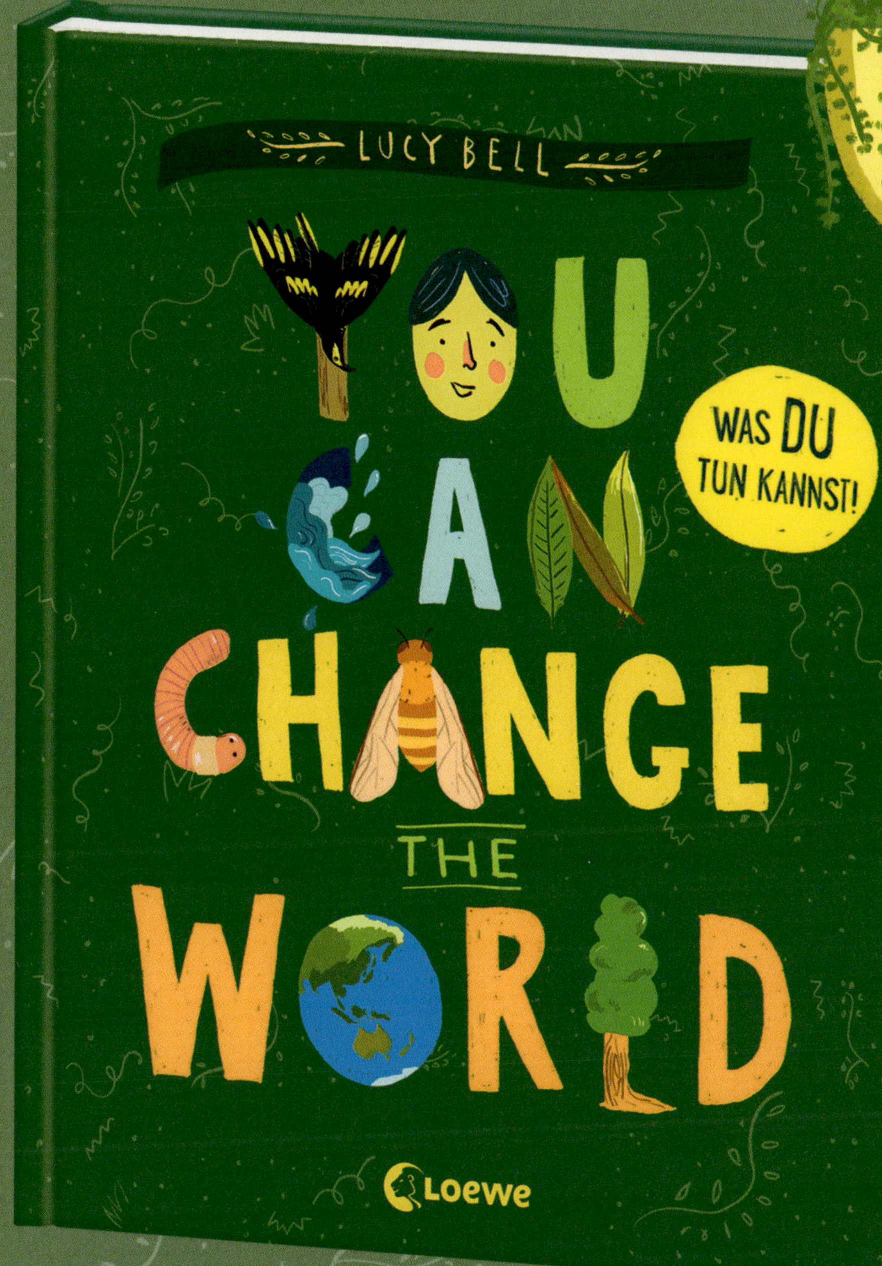

ISBN 978-3-7432-0753-0